《智造美好生活》
编写组成员

主　　编：唐世鼎

执行主编：王　钧　张　琳　王密林

副 主 编：孙　琳　张　啸　蔡丹翔

编　　委：《智造美好生活》摄制组

智造美好生活

Better Plan for Better Life

中央广播电视总台
中国国际电视总公司 编著

人民出版社

目录

序言　讲述新时代科技改变生活的

美好故事 .... 唐世鼎 001

第一章　家　世界 001

第二章　医　健康 031

第三章　慧　城市 063

第四章　绿　生态 091

第五章　深　赋能 119

第六章　创　未来 151

附　录

一　主创札记 183

二　媒体报道 190

三　专家点评 205

四　纪录片主题曲《最美时光》 213

视频索引 215

序言

讲述新时代科技改变生活的美好故事

辞旧迎新之际，曾在中央广播电视总台多个频道播出并赢得高口碑的大型 4K 超高清纪录片《智造美好生活》再次与观众见面。

由中国国际电视总公司原创、2021 年初在中央广播电视总台央视中文国际频道首播之后，这部纪录片在央视综合频道、纪录频道、农村农业频道、财经频道与全国多个地方纪实频道以及海内外新媒体新平台等播出上线，社会反响与口碑良好。仅首播期间，该片引发新浪微博话题阅读量破三亿，讨论量破十万；优酷科技纪实热榜持续榜居第二，全网播放量破百万次；抖音话题播放破 1000 万，实现破圈层传播。

为什么要做这部纪录片？

当今时代科技发展日新月异，世界新一轮科技革命和产业变革蓬勃兴起，对全球经济政治格局、产业形态、人们生活方式等带来深刻影响，日益重塑世界科技竞争格局、影响国家力量对比。"科学技术从来没有像今天这样深刻影响着国家前途命运，从来没有像今天这样深刻影响着人民生活福祉。"科技创新是人类社会发展的重要引擎，科技创新成果是人类文明的共同财富，也是应对当下诸多全球性挑战的有力武器，助推人类创造幸福美好的生活，为各国带来新的发展机遇。

科技强，则国家强；科技兴，则民族兴。新时代以来，我国重大创新成果竞相涌现，科技创新实现量质齐升，创新型国家建设取得重大进展，科学技术日益惠及民生、造福百姓，不断改善人民生活品质，提升中国智慧创造，引领人们迈向美好生活未来。在此时代背景下，纪录片《智造美好生活》应运而生。该片以"科技改变生活，智慧创造未来"为主题，紧扣时代发展脉搏、深情礼赞科技创新；以国际化视野与故事化表达，用镜头讲述新时代中国故事，深度解读新时代中国智慧创造奇迹密码，传播广大科技工作者勇于探索、献身科学的精神；从民生视角立体反映中国科技革命和产业变革带给百姓的获得感、幸福感、安全感，以此激励奋进，汲取智慧力量，推动国家科技自立自强，创造更加美好的生活。

优秀纪录片是时代的晴雨表。该片敏锐捕捉记录新时代悄然发生在人民生活中的新变化新创造和平凡人的真实故事，生动展现当代中国人享受着美好时代的幸福生活，用影像揭示其中蕴藏的科技因素与创新动力，突出反映我国经济社会发展和民生改善比过去任何时候都更需要科学技术解决方案，都更需要增强创新这个第一动力。《智造美好生活》的主题立意无疑具有重要的现实价值与深远意义，在我国全面建成小康社会、开启建设现代化国家新征程之际，它的播出恰逢其时。

这部纪录片与表现科技主题的同类作品有什么不同？

《智造美好生活》着力创新表达方式，讲好中国科技故事。通过《家　世界》《医　健康》《慧　城市》《绿　生态》《深　赋能》《创　未来》六集，讲述新时代科技创新引领推动普通人生活幸福、美好升级、命运改变、梦想实现的温暖故事。全片以小切口反映大主题、小人物折射大时代，生动诠释"人民对美好生活的向往就是我们的奋斗目标"的深刻内涵，努力以一部反映时代新气象、讴歌人民新创造的纪录精品，记录新时代中国科技创新的伟大实践，为科技点亮小康中国留下一份真实鲜活的视频时代档案。

虽是科技主题，但节目一直在探索突破传统的科普科教作品表达方式，希望既有"高大上"的惊艳，亦有"接地气"的温暖。拍摄手段上，突出电影化与大众化科普手段，以 4K 超高清高品质影像与网络智能化生活场景呈现，使视听效果充满科技感、未来感。内容表达上，注重鲜活故事与前沿科技知识解密相结合，力求深入浅出、通俗易懂，令人喜闻乐见。从风云系列气象卫星、北斗三号卫星导航系统、天问一号火星探测器、嫦娥五号回收器、银河航天首发星、悟空号卫星、中国环流器二号托卡马克装置、西电东输、光热发电站、石墨烯电池、量子计算机等重大科技成果，到 5G、大数据、人工智能、物联网、飞驰的高铁、便捷的移动互联、虚拟现实与增强现实场景等最新科技应用，均在片中有所体现。为让观众易于理解与接受，全片着重展示科技创新对社会生活、普通民众的"改变作用"，将科技硬核与人物故事巧妙融合，并以生活化场景与形象化表达精彩呈现。

全片立足当下、憧憬未来，从大处着眼、小处入手，由点到面，由近及远，精心谋篇布局叙事。从城市大脑、智慧消防、气象精准预测、建筑减震阻尼器、智能植保无人机、红外血管成像仪、治癌新药研制、3D 打印人体器官移植，到中国医疗 AI 为全球提供新冠病例快速诊断筛查、小小健康码成为疫情防控确保安宁的护身符、水指纹技术助力专家精准锁定水污染源头、海洋牧场令海参增殖渔民富裕、暗管排盐技术有效改造盐碱地实现增产丰收、绿洲三号菌草将荒漠变绿地、国家公园建设人与自然和谐的美丽家园等，这些先进科技成果令人耳目一新，激发起人们的好奇心、求知欲与观赏体验。

介绍科技成果之余，片中还洒落着许多"科技让生活更美好"的动人案例。比如，高铁与互联网加持，使得出产于偏僻地区的"贵妃鸡"与千年藏毯远销全国，助力乡村实现脱贫致富；盲人女孩借助视屏触障技术分享旅行美好瞬间；智能寻人系统让离散多年的宝岛台湾老兵与祖国大陆亲人团聚；手术机器人助患有脑瘤的大提琴手成功重返舞台；骨髓移植手术为白血病患者点燃生的希望；智能可穿戴设备实时监测远在老家年迈母亲的健康数据，全天候守护老人；智能手臂让曾绝望的年轻截肢者重生活力；"星阵"AI战胜世界冠军围棋手；机器人用碳纤维编织可移动的未来建筑；无人驾驶网约车高效便捷载人出行；等等。一个个科技创新改变生活的美好故事，一幕幕"沾泥土、带露珠、冒热气"的温暖场景，打动人心、引人注目。那些平凡的人物、让人泪目的瞬间，增强了与观众的贴近性、亲和力、认同感。

践行"四力"，精益求精，精心打磨作品

在从策划创意到拍摄制作的两年多时间里，摄制组奔赴海内外，经反复挑选与深入挖掘，跟踪记录了50多个普通人因科技改变生活的精彩人生故事，并邀请国内一批知名院士、科技专家权威指导把关。制作团队兵分多路，先后深入全国30多个省、自治区、直辖市，100多个市、县，行程10万多公里，采访中国院士、热

点领域行业领军人物与普通民众上百人，寻访众多科研院所、高校医院、企业厂矿以及社会生活场所、机场车站码头、河海林场沙漠等外景地，通过广泛调研和查阅资料，积累了大量丰富素材。

拍摄期间突如其来的新冠疫情，让创作者面临前所未有的冲击挑战。但团队在艰辛波折中敬业奉献，仅解说词文本就打磨数十稿，逐集逐句反复推敲完善，镜头画面音效等一遍遍精挑细选，一帧帧精准剪辑。秉承精益求精、追求完美的专业精神，团队始终以品质为生命线，才使得这部纪录作品如期与观众见面。

在以纪录片《智造美好生活》解说词为主的基础上，同名视频书也进一步推出，集文、图、视频于一体，手机扫码即可观看视频。融媒体图书的形式，有望带给读者全新的阅读体验与分享。

唐世鼎

中国国际电视总公司总裁

第一章

家

世界

家，是中国人情感的根基，是温暖与幸福的港湾。改革开放40多年来的高速发展，让中国人的家不断改变，持续升级。在科技创新、万物互联的新时代，中国人的美好生活与世界无线链接、愈加便捷，充满着前所未有的获得感、幸福感与安全感。而科技创新，是实现美好生活的保障和手段。每一个家庭、每一个人享受着高科技带来的生活进步、生活得更加美好。

中国的高速发展、科技的跨越升级，让我们曾经期待的未来已经到来。从国到家，再到为美好生活努力创新的人们，正以无限互联、更加智慧的加速度，创造着更美好的生活。

新一年的圣诞季到了，斯堪的纳维亚半岛的天气，略有些寒冷，但街上依然洋溢着节日的暖意。

对于欧拉来说，此时，正是他一年中最忙碌也最开心的季节。他告别家人，赶往100多公里外的渔场。

欧拉所在的渔场，位于北大西洋暖流和纽芬兰寒流交汇处，大量的浮游生物为100多种鱼类提供了丰富的饵料。自然的眷顾，让这里成为久负盛名的海洋渔场。

节庆将至，世界各地的订单如洋流一般涌来，尤其是来自中国的客户逐年激增，欧拉和团队要用最快的速度为中国客人送去最鲜美的礼物。

欧拉所在的渔场

欧拉（渔场负责人）：我们的工作是生产最好的食物，中国人喜欢最好的食物。所以对我们来说，提供中国人喜爱的食物让我们感到十分荣幸，我们每天都很享受这样做。

渔场向东 8000 千米，是中国西北最大的城市西安。

元旦将至，辛劳了一年的人们，要在这个时刻，尽情地犒劳一下自己和家人。

在中国，现代种养殖技术和便捷的物流，让曾经冬天吃不到的新鲜食材，一年四季里应有尽有。如今，如何吃出新鲜感，成了中国人"幸福的烦恼"。

今天，雷江特地带上女儿来到市场采买，让她也感受一下节日的氛围。

雷江要准备的是岁末年初最重要的一次家宴。至于压轴大菜，他准备玩点儿新花样。

高速便捷的互联网，催生出一个新的业态：网购。雷江的订单，是一家互联网购物平台当天 58 万多条订单中的一个。

雷江在互联网平台上订购商品

　　智能手机在中国高度普及，5G 高速通信、智能化的网购系统，加上无缝链接的全球物流，催生了全新的购物场景。线下逛街、线上网购，随心所愿、各得其乐，中国人享受着美好时代的幸福生活，只有想不到、没有买不到。

　　在亚欧大陆的另一端，挪威的渔场正在快速处理着从中国涌来的订单。

　　渔场必须尽快完成捕捞、切分、速冻和发货的工作，保证在24 小时内将新鲜的美味，送上中国食客们的餐桌。

渔场工作链条

还带着大海气息的鲜鱼，已经被标注了各自的"身份证"。这些信息被录入大数据系统，通过网络与中国的客户随时同步。

从线上到线下、无缝链接的国际物流，将地球两端的幸福紧密地连在了一起。

与此同时，雷江已经赶到郊区接姥姥。今天，他精心筹备小别重聚的家宴，正是送给至亲们最好的礼物。

10 小时航空物流，7 小时冷链运输。经过严格的通关和检疫程序，雷江订购的海鱼已经新鲜抵达网购平台在西安的分拣中心。

物联网分拣系统通过智能传感器迅速读取到海鱼的身份信息，在几秒钟内作出判断并调度配送员。

1 分钟内，这套智能系统可以完成 83 组生鲜产品的配送调度。雷江为家人精心准备的美味，即将踏上此次旅行的最后 3 公里。

物联网分拣系统

对于中国家庭来说，没有什么比年终岁末时一家人欢聚一堂更为重要。在触手可及的互联网时代，这条产自大西洋的海鱼，仅用了一天时间便完成了它的跨洲之旅，送来了远方的美好。

产自大西洋的海鱼一天内即端上中国西安的餐桌

雷江：我们那个时候都吃不到鱼。那年下着大雪的时候，我和妈妈去卖对联。旁边有个卖鱼的说，我鱼也卖不动了，我拿我这鱼跟你换一副对联。我说好。他就给我两条大鱼。

如今，中国每天大约有 6 亿人次通过互联网购物，在全国乃至全世界订购各种商品。万物互联，让无数的中国家庭与世界因为各种美好的心愿而紧密连接。

有人选择在家团聚，也有人全家去饭店体验美食，尽情选择，自得其乐。

饭店里的食客 A：各种进口食材，比如波龙、面包蟹……都过来了，特别方便。

饭店里的食客 B：喜欢吃肉丝，喜欢吃虾。

饭店里的食客 C：一个星期七天，我能来四天。

新科技改变着生活的方式，让无数中国家庭享受到了触手可及的美好，也让情更浓、心更近。

李润光和女朋友周奕走过了三年的爱情长跑，不久前甜蜜完婚。身份的转换，让他对居家事务的接管跃跃欲试。

新婚燕尔，一切与家有关的事物，都在触发着这对新人的灵感。如今，中国智能家电产品种类繁多，到底选哪一款，难住了他们。

周奕：我感觉这种功能挺好的，爸喜欢喝茶，干燥的放茶叶，保湿的那一片儿还能放妈妈的化妆品。

李润光：面膜啥的。我觉得还是买个带母婴的吧，以后有了孩子还能放奶粉。

智慧工厂的个性化定制服务，吸引了他们的目光。

在手机上，冰箱的功能被拆分成了不同模块，如拼图游戏一般方便直观。他们为自己和父母甚至未出生的孩子，组合了一台私人定制的智能冰箱。

周奕和李润光在手机上定制个性化冰箱

短短数分钟，李润光的订单信息便通过移动互联网送达智慧工厂的生产线。

> 周云杰（海尔集团总裁）：人民生活水平提高以后，消费者需要的不再是一个单个的产品。他可能需要利用科技创新来体验美好的生活，甚至来参与定制美好的生活。

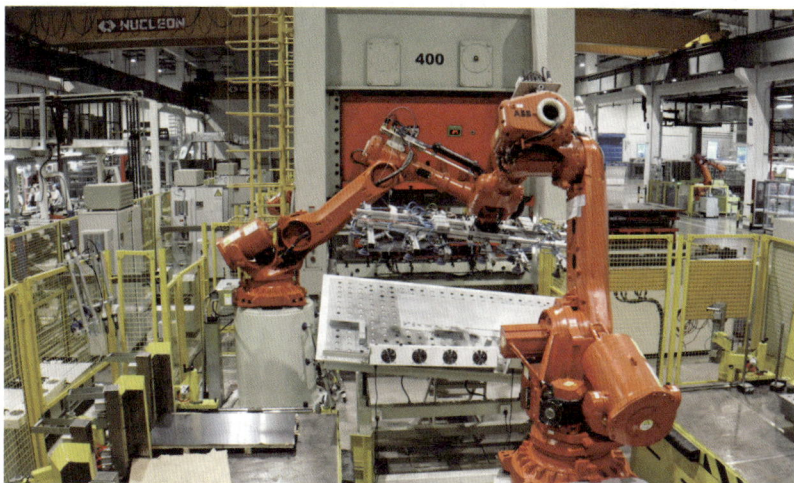

海尔智慧工厂的智能化无人生产线

在 40 余年的时光里，海尔与无数中国企业一道，陪伴着中国人的生活，从手工打造到智慧工厂，从传统家电到智能家居，与时代在同步升级。如今，这座被科技赋能的工厂，正在用人工智能创造个性化的智能产品。

不到一周，李润光和妻子精心挑选的冰箱就送到家了。无线网络让冰箱内置的人工智能助手小优，与云端时刻互联，原本高冷的冰箱摇身变成了能说会道的新鲜管家。

李润光一家体验冰箱智能功能

李润光妈妈：小优小优，红烧茄子怎么做啊？

智能助手小优：现在为您打开红烧茄子的制作菜谱。

李润光妈妈：放首《渔舟唱晚》，古筝。

智能助手小优：请开始欣赏美妙的音乐吧。

李润光妈妈：它还是一个小机器人，比较适合年长的、对电脑不太会操作的人。一叫小优，它就把这所有的问题都回答出来。

作为家里的新成员，智能冰箱从进入家门那一刻开始，便开始熟悉并"学习"家人的生活习惯。融入这个新家，是它的美好使命。

李润光：我感觉这个智能产品越来越渗透到我们衣食住行的各个方面，肯定会使整个生活产生一个很大的改变。

智能家居让生活更美好

人工智能让需要人们干预的日常琐事越来越少。截至2019年，中国智能家居市场高速增长，产品出货量达到了8.4亿台。中国人开始进入更加智能的生活时代，轻松的工作、惬意的生活，因为AI，因为爱，变得更加触手可及。

深圳，中国最具活力的城市之一，创造了举世瞩目的"深圳速度"。从改革开放到万物互联的新时代，它一直是有志者的向往之地。

查房、换药、安排病人，每天的工作紧张忙碌，但护士张文却乐此不疲。正是深圳的活力与机遇，吸引她离开了故乡，来这里寻梦。和所有来到深圳的人一样，张文在这座充满机遇的城市成家立业，找到了人生价值。

> 张文（护士）：特别喜欢深圳，然后我们一家人也慢慢地留在深圳了。现在，在医院工作也挺开心的。
>
> 张文与母亲视频聊天
>
> 张文：妈，早餐吃的什么呀？
>
> 张文母亲：吃的热干面。
>
> 张文：你血压有点高，今天早晨有没有量？今天中午还是要量一个血压，好吧？
>
> 张文母亲：好！

千里之外的母亲，是张文最大的牵挂。现代的通信科技，让母女俩能够随时随地地便捷沟通，多少弥补了相隔两地的遗憾。但最近，让张文特别不安的是母亲的血压不太稳定。而千里之外的她，只能远程关注母亲的状况，无法贴身照料。

> 张文（护士）：母亲因为个人的乡情亲情割舍不下，她也不愿意长期待在我们这里。她就一直强调，我在生活能够自理的时候，不是完全依赖你的时候，我还是想要自己的生活。做儿女的确实还是要尊重父母的选择。

在中国家庭，两代人的不同选择，让儿女们不能时刻陪伴在至亲身边。虽然发达的通信、便捷的交通能让亲情穿越千山万水，但尽心尽孝的温暖却无可替代。如何更好地呵护老人，在每个时代，都是一道绕不过去的家庭考题。2019 年末，中国 60 岁及以上人口已经达到了 2.5 亿多，中国正在逐渐进入老龄化社会。

一些精致小巧的穿戴设备，身材不起眼，却装进了智能感知、数据交互、云计算等诸多新技能，它们正在升级中国人的生活。

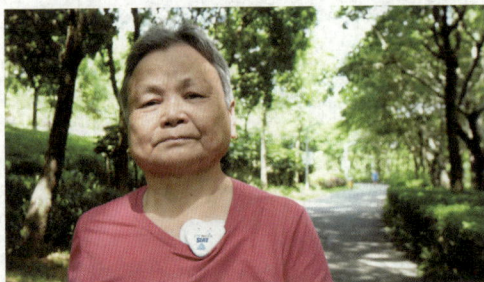

张文母亲身着智能穿戴设备散步

张文母亲：我去哪儿、我走到哪儿，她手机里都能知道。她说，妈妈你今天走的路不少了，今天去哪儿了。还说，你走得有点多了。我觉得我有点放心。

李烨（中国科学院深圳先进技术研究院研究员）：我们使用的可穿戴的产品，能检测到家人全天候的健康数据，能实时上传到远端的健康云平台，医生及患者的子女通过手机就能观测到家人的身体状况。

智能可穿戴设备，正是解决痛点的新方案。智能是它的标签，如同掌握着十八般武艺的健康保镖：传感器实时监测着健康指标、高速通信模块连接着远方亲人手机，敏锐的求救功能与附近的医疗

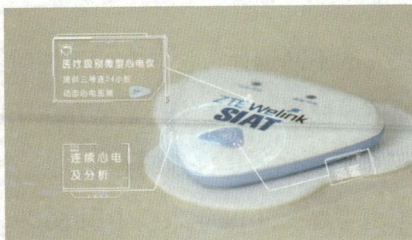

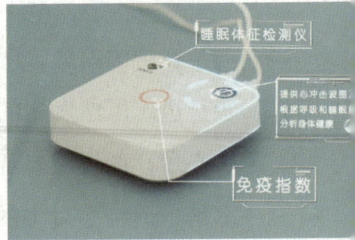

智能穿戴设备的检测功能

机构随时同步。

短短数分钟，精确的健康数据经过智能分析，生成了一份医学健康报告，发送到了张文的手机上。

> 张文（护士）：她的生命体征是稳定的，睡眠状态也是好的，也没有呼吸暂停等特殊的情况。做子女的可以去看，包括我们的医务工作者也可以去看她的这些数据，可以提醒她提前去医院检查、就医。就是一种虽然距离很远，但是其实也很近的感觉。

陪伴是最长情的告白。而母亲身在故乡，她想要自己的生活，更不想耗费女儿更多的精力。尽管心有不甘，但张文还是尊重了母亲的意愿。她们约定，每年她都会接母亲来深圳一起过冬。而在无法陪伴的日子里，智能穿戴设备就会如家人一般，与远方的张文一起，守护着母亲。

智能穿戴设备是人工智能和物联网深度融合的创新，它将服务超过亿万家庭，中国已经成为全球智能穿戴领域最大的应用市场。中国人进入了更加便捷、智能的健康时代，将在 AI 的帮助下穿越距离的阻隔，体会到亲情的脉动和科技的温度。

家是中国人的港湾，在新时代被科技赋予了更多的形式。但不管路多远、不管等多久，还有很多的人期待着久别重逢的一刻。

这是一个幸福的家庭，四世同堂，儿孙绕膝。向道超刚度过 85 岁生日，他在本该享受天伦之乐的晚年，却仍有一个多年未了的心愿。

向道超幸福的一家

向道超：我总是想我的父母，没有他们哪里有我啊！晚上做梦的时候也会在脑子里面转来转去。

两岸"三通"30余年，很多他的同龄人通过电话、信件等各种方式，与家人从分离走向团聚。

然而，对向道超来说，70年来，他用尽各种方法，家人依然杳无音信。茫茫人海，寻亲犹如大海捞针。

年逾耄耋的向道超本该安享天伦，但未了的心结，让他时常沉默无语。

向道超妻子：他不太会讲话，又不太会跟人家交谈。

儿女们为了帮助父亲完成心愿，找到了北京的一家互联网寻人团队。

在互联网技术日新月异的中国，科技正在帮助人们解决曾经如大海捞针般的难题。

这个寻人团队，正利用互联网技术帮助亲人失散的家庭走向团圆。

这封 30 多年前由四川省寄来的信，是目前唯一的线索。在这张不到 2000 字的信件中，四川省开县这几个字，引起了寻人团队的注意。

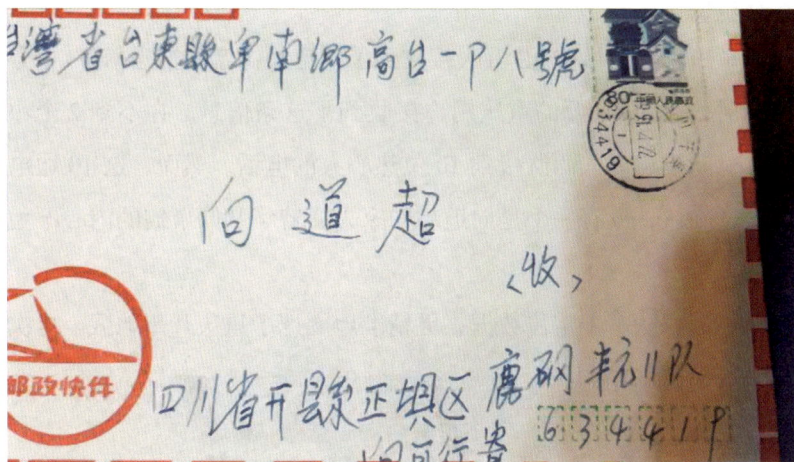

向道超保存了 30 多年的信封

根据以往经验判断，如果向家的后人没有搬离重庆，他们强大的智能系统便可以大显身手。

利用这个精准弹窗，在老年人走失的地方，周围 5 公里或者 10 公里，甚至是整个城市，去推送这条信息。

十年来的高速发展，让中国拥有了全球数量最多的移动通信基站，网络覆盖率全球领先，海量的用户为曾经大海捞针的寻人提供了充足的线索来源。

智能寻人系统，将寻人信息全方位、高精度地推送至目标手机上。三年来，依托新技术，他们为一万多个家庭寻找到了走失、离散的亲人。

2019 年 8 月 12 日，向道超的寻亲信息，通过精准弹窗技术正式发布！

短短 10 秒钟，2.12 万人接收到了向道超寻亲的推送信息；1 分钟之后，超过 40 万的重庆用户接收到了这条信息。在不到 2 个小时的时间里，寻人团队接到 10 位热心人的电话。然而，这 10 通电话经过确认，没有一个是向道超的家人，曾华和同事们的内心不免有些失望。

寻人团队基于定位数据，更精准地圈选了重庆开州地区，再次

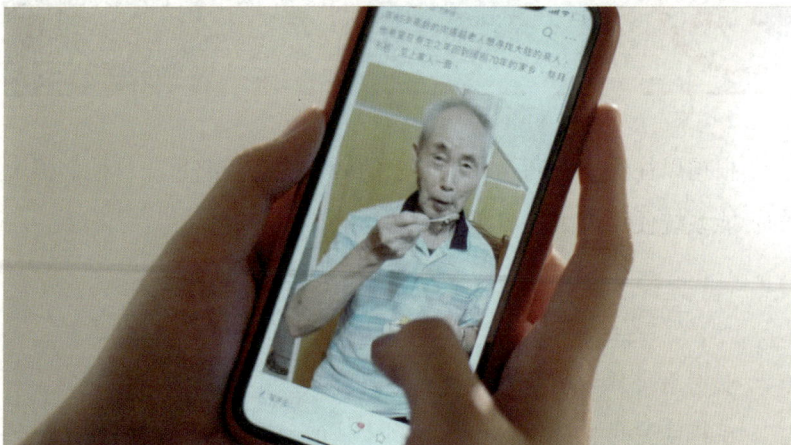

互联网推送的向道超的寻人信息

推送信息。很快，第 18 通电话响起。正是这个电话，为他们送来了一条关键信息。

> 周思好（互联网寻人团队成员）：也就是四个小时的时间，我们就收到一些热心的网友反馈，还有提供家乡侄儿的联系方式。我们就打电话去跟他核实，都能对上，那就可以肯定他们就是一家人。

经历了 70 年的魂牵梦绕，2019 年的中秋节前夕，向道超终于踏上了回家的路。

吴孝美是向道超的嫂子。70 年前的场景仿佛就在昨天，那个离家少年的身影，似乎还在她的眼前。

> 向道超侄儿：台湾那个三叔向道超回来了，他来看你健忘不健忘，他来看一下你老了没有。
> 吴孝美（向道超的嫂子）：他叫向道超，他有你那么高。
> 吴孝美（向道超的嫂子）：你一定要好好招待他。
> 向道超侄儿：是的，我们安排好了的。

70 年生死茫茫，父母兄弟相继离世，但浓于血的亲情，让素昧平生的两代亲人，如久别重逢、恍然如梦。周思好和向道超的亲人在机场拉着横幅等待飞机落地，家人在机场迎接向道超回家。

尽管年岁已高、步履蹒跚，85 岁的向道超还是坚持要走十几里的山路，去祭拜自己的父母。

在新科技的帮助下，向道超终于了却了半生的夙愿。

向道超回到了阔别 70 余年的老家

智能寻人系统帮助向道超回到阔别 70 余年的老家

曾华（互联网寻人团队成员）：就是两岸的这个情感，它其实是没办法割舍的。我们两岸寻亲这方面的工作，其实就是帮助两岸架起一个沟通的桥梁，我们也希望能够促进更多的两岸团圆，促进大家的团圆。

数十年的苦苦期待，因为现代科技，只用了四个小时就得以实现。科技的善意与温度，让人们亲情再续、让思念梦圆。

中国的科技创新正在释放能量，帮助更多人回家。而在这个快速发展、无限连接的时代里，更多的人找到自己的"家"。

瓷都景德镇，开埠 4000 年，用土与火淬炼匠心的祖辈们怎么也不会想到，如今这里俨然成为一座国际化的艺术城市。

昵称"洋景漂"，是指来到景德镇学习陶瓷制作的外国人。他们加入了中国陶瓷艺术创作大家庭，为这门中华传统工艺带来了独特的风景。

法国女孩 Kami 也是"洋景漂"中的一员，带着对中国文化、

"洋景漂"跟着师
傅学习陶瓷制作

对中国生活的向往，Kami 来到了景德镇。工作室是她的创作天地，
也是她在中国的"家"。

> Kami（法国陶瓷艺术家）：第一次来景德镇是十年前，
> 这个地方吸引我的是一种美的感觉。回欧洲以后，我就一
> 直在想这里，想象在这么美的环境生活，带我一起去做我
> 的工作，所以我又来啦。

《融入》是 Kami 最新的作品，而她也一直渴望融入中国。激
情创作四个月的她，进入了瓶颈期。创作永远痛并快乐着，因为在
这里，还有为她答疑解惑的"家人"。

> Kami 师傅：这个佛像，它一定要通气。如果不通气的
> 话，就跟人捂住鼻子、嘴一样，在烧的过程中，出不来效果。
> Kami（法国陶瓷艺术家）：师傅不会太多地跟我说一
> 些好听的话，但他就是会不停地推我，帮我做得更好，就
> 是这样可以成功。

半个月之后，在师傅的启发下，Kami 终于找到了《融入》的路径。

移动互联时代的中国，数不清的自媒体、社交平台、公众号成为人们自由表达、展现个性的舞台。在这个舞台上，Kami 用她的瓷器作品当作媒介，呈现着她融入中国、中西合璧的艺术表达。无界的社交网络，更让身在景德镇的 Kami 打开了全世界的朋友圈。

Kami 为《融入》拍照并上传社交平台

除了拥有远在天边的收藏者，Kami 更有近在眼前的中国"家人"。Kami 在景德镇的小家，是一个真正的国际化大家庭，时常小聚，让这里充满家的气息。

Kami（法国陶瓷艺术家）：因为陶瓷制作，我们聊成了朋友。他们觉得，哎，这个姑娘不错啦，我们可以做朋友。

人气，就是人多，不会那么冷。我的朋友给我他们的爱，我的阿姨带给我一个妈妈给女孩的爱，师傅给我像父亲一样的爱。

Kami 与朋友的家庭聚会

　　屋子里是一个温馨的小家，而走出去则是异彩纷呈、热火朝天的大家。在中国，早已不是 Kami 们艺术创作的匆匆一站，而是他们梦想与心灵栖居的家。

　　据统计，2019 年，中国陶瓷制品出口数量为 2500 万吨，出口金额达到了 1000 亿美元。中国文化的独有魅力，中国科技的强大便利，让越来越多的外国友人在中国找到了家的感觉。

　　因为梦想，他乡变故乡。一种超越国界的获得感和归属感，正在中国这片土地上尽情生长。

　　有一群光鲜亮丽、非同寻常的小家伙，杨昌霞亲切地称它们为"贵妃"。杨昌霞每天要伺候"贵妃们"16 个小时，在她眼里，这些"贵妃"是她人生逆转的希望。

　　11 年前的一个傍晚，杨昌霞刚结束一天的工作，如往常一样准备赶回家为丈夫和女儿做晚餐，而一个来自医院的电话，让她瞬间停在了人生的十字路口。

杨昌霞忙碌饲养
贵妃鸡

> 杨昌霞（贵妃鸡养殖户）：他中午都还好好的，还好着呢，下午就没了。

丈夫突然离世，家里的支柱倒了，杨昌霞和女儿不得不回到家乡贵州铜仁，拿出了全部积蓄租下 300 亩山头，她把希望寄托在了贵妃鸡的身上。

> 刘杰（杨昌霞女儿）：想不通，我妈为什么要来山上养这个鸡。因为来的时候，这边什么都是破的。而且这里天寒地冻，离城市也远。然后我说，天哪！老妈你这是干什么呀？

贵妃鸡原产于欧洲，皮薄肉香，益气补血，这些被食客们追捧的美味，在杨昌霞眼里，是她重启人生的希望。然而三个月后，"贵妃"出笼、待价而沽的时候，杨昌霞没有想到，在贵州铜仁，她精心饲养的宝贝却"失宠"了。

> 杨昌霞（贵妃鸡养殖户）：我去我们当地跑了三天市场，没有卖出一只鸡，尴尬。

漫山遍野、能飞更能吃的贵妃鸡，一天要消耗 400 斤饲料、150 升水。短短半个月，这些"贵妃"们就能吃掉一辆小汽车的成本，杨昌霞的积蓄已经所剩无几。

广州、上海这些食不厌精的城市，才是贵妃鸡最好的市场，而当时铜仁到广州的火车，需要 26 个小时才能到达。杨昌霞千算万算，偏偏没有算到"黔货出山"的艰难。

就在此时，杨昌霞非但没有卖出一只鸡，反而收到了一纸诊断。2014 年，她被诊断为直肠癌中期。

> 杨昌霞（贵妃鸡养殖户）：我手术前一天晚上特别焦虑，要是手术下不来，钱也花了，人也没了，孩子怎么办？我进去的时候，我就希望医生推车的时候慢点，多看看外面，多看看女儿，就怕再也看不见了。

铜仁到广州的漫长阻隔和突如其来的病痛，如同横在这个家庭面前的一座大山。翻过去，才是杨昌霞和女儿的明天。

作为中国火车摄影第一人，在王福春眼里，凭借火车就可以读懂中国。

> 王福春（摄影师）：过去坐车是痛苦、无奈，你过年都得回老家吧。

那时候坐车很拥挤，就一个门开着，全扒着上来，窗户打开以后就扒窗户。而且一站一天一宿、两天一宿、三天两宿，腿都肿得很粗。

王福春镜头下绿皮车时代的艰难出行

在四川大凉山，从喜德县到西昌的绿皮火车还在运行着。沿途停靠 26 个村镇小站，贴心周到的乘务员、低至数元的票价，让这趟列车成为当地乡亲们眼中温暖的"小慢车"。在交通不便的年代，绿皮火车帮助人们实现走出去的希望，它曾是历史的见证，现在更是中国人出行生活中一道独特又温暖的风景线。

如今，中国高铁犹如横空出世的长龙，总里程由 2000 千米飙升至 3.6 万千米。铁路出行从朝发夕至，缩短到了数个小时。960 万平方公里的土地上，中国人更紧密地连接在了一起。

2015 年的夏天，铜仁最后一座大山的隧道顺利贯通。自此，从广州到铜仁的高铁仅需要 5 个多小时，杨昌霞期待的那个明天已经到来。

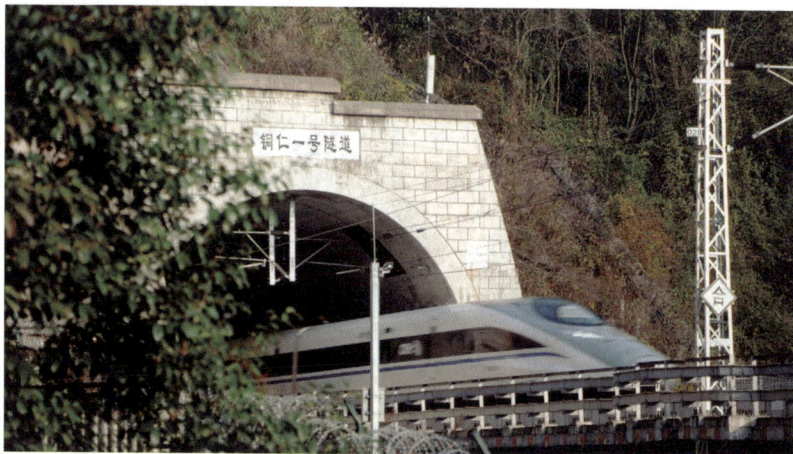

高铁穿过铜仁一
号隧道

　　杨昌霞（贵妃鸡养殖户）：我们家的贵妃鸡，现在每天往上海、广东、北京送，平均1天300多只。大城市他们是需要我们这些农产品的，他们来我们这边也方便，我们过去也方便。

　　自此，"黔货出山"不再困难。

　　杨昌霞的人生大盘终于触底反弹，移动互联的热潮更让她灵感迸发。每天早上，杨昌霞会邀请一只相貌出众的"贵妃"一起直播带货。这些或可爱或娴静的"贵妃"，每天都会吸引上千网友围观、打赏。

　　转眼杨昌霞已经累积了30多万忠实粉丝，客户们隔三差五乘坐高铁来山里探望这些小主播。

　　杨昌霞（贵妃鸡养殖户）：上海的客户、广东的客户，都会来看我的贵妃鸡，我也会做贵妃鸡给他们吃，现在我们几乎80%都成了合作伙伴。

杨昌霞直播带货
售卖贵妃鸡

高铁的速度和直播的热度，成为杨昌霞的左膀右臂。搭乘着时速 300 多公里的高铁，杨昌霞的"贵妃"们飞往全国各地。一年数万只的销售量，让杨昌霞和女儿翻过了横在她们面前的那座大山。

曾经祸不单行，如今双喜临门，杨昌霞的病情也得到了有效控制。母女俩和无数中国家庭一样，在这个飞速向前的时代迎来了更加美好的生活。

刘杰（杨昌霞女儿）：希望妈妈身体越来越好吧，然后找一个老伴，再一起出去游玩。两个人拍拍照啊，和和美美地享受一下生活，看看我们这个中国的大千世界。

京张铁路是第一条中国人自行设计、投入运营的铁路，百年时光似白驹过隙，詹天佑先生的雕塑依然凝望着崇山峻岭中蜿蜒穿行的高铁。历史与现实交织在这片天地之间，呼啸而过。

高铁速度是中国的脉动，更是幸福的温度，它载满了中国人的情感与梦想，连接着千家万户，连接着祖国的绿水青山，驶向更美好的明天。

京张铁路线上的
詹天佑雕塑

香港的脉动是医生陈凯旭的节奏，他每天都在与时间赛跑。

以前，从香港尖沙咀穿越深圳湾大桥抵达深圳罗湖区的诊所，通行 60 千米，耗时 30 分钟。陈凯旭时间紧张，压力不小。

> 陈凯旭医生（中国香港）：现在从香港回深圳北，只要十几分钟，回广州只要一个小时，以前搭车要三个小时。

2018 年底，香港西高铁站开通，到深圳仅需要 13 分钟的行程，这如同打开了一扇时空与机遇的大门，每天有数十万人往返粤港两地。粤港澳大湾区催生的经济共荣，与多元交通模式的迅捷互联，让美好生活成为香江两岸温暖的新常态。

同样是因为科技的力量，中国的青藏高原不再是神秘和遥不可及的代名词。藏族女孩尼玛平多，正在用最时尚的方式讲述从雪域高原走来的家乡故事。

两年前，尼玛平多刚刚大学毕业便从北京回到拉萨，家乡的阳光、语言和文化都是她的思念所在。

尼玛平多（网络主播）：就从早上我上班，我可能会用手机打滴滴，然后到咖啡厅买东西也会用到二维码支付，拉萨已经非常普遍了，因为这样也比较方便。

尼玛平多的梦想，是为传播家乡文化尽一份力。而科技的力量，让她如愿以偿。

互联网直播是尼玛平多的舞台，琳琅满目的藏族工艺品都是讲不完的故事。开朗乐观、百万粉丝的她，正年轻、正时尚。

尼玛平多平日最期待的，就是每周帮助四季吉祥村的乡亲们做直播。

四季吉祥村村民的主要收入来源，是传承了千年的藏毯。每天敲击近 1 万次，每小时编织 85 个扣，每分钟挽 20 个圈，是乡亲们娴熟又快乐的日常。在无界互联的时代，千年藏毯从雪域高原走向世界的那扇门已经打开。

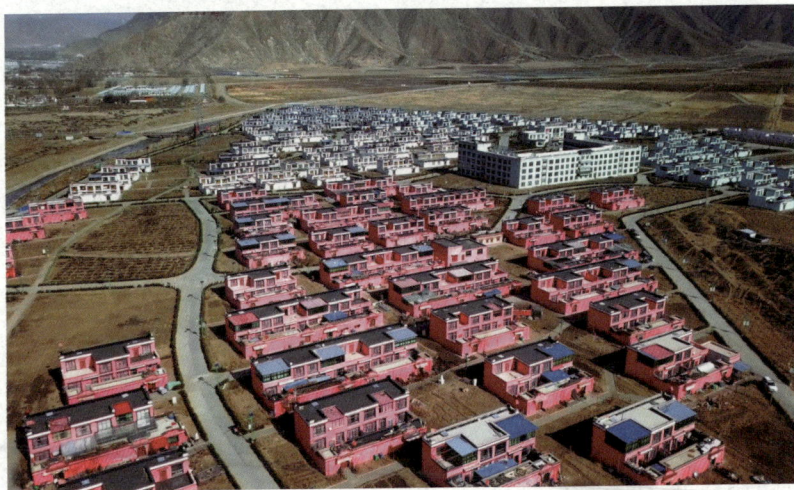

中国西藏四季吉祥村

高原的色彩令藏毯散发出非凡气质，而遇到尼玛平多的镜头，便成了全世界海拔最高的带货直播。

尼玛平多镜头下的藏毯成为全世界海拔最高的带货直播

　　尼玛平多的手机镜头，让今天的高原故事吸引了 7 万多网友，村里的高速网络让直播行云流水、与世界同步。

　　直播帮助村里的乡亲们与来自上海、伊斯坦布尔、东京、巴黎、新加坡等世界各地的买家建立了紧密连接。风靡中国的直播时尚，让四季吉祥村如它的名字般吉祥如意。

　　在西藏，还有超过两万多像尼玛平多这样的年轻人，正在利用互联网，跨越时空的屏障，向全世界讲述着家乡的中国故事。

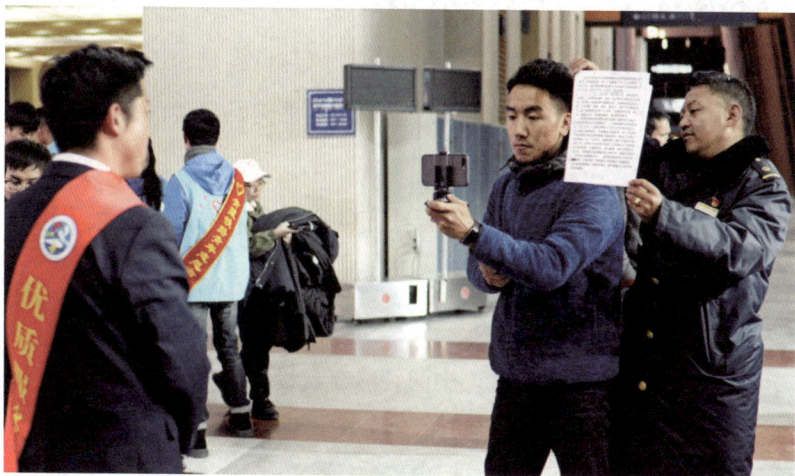

拉萨的年轻人利用互联网向世界讲述家乡的中国故事

通过世界海拔最高的航空港——拉萨贡嘎国际机场，三个小时后，四季吉祥村的藏毯将从这里发往世界各地。

现在，西藏开通航线 120 条。仅在 2020 年 8 月，西藏民航航班起降 5450 架次、运送旅客 61.5 万人次、货邮吞吐量 5200 多吨；而公路通车里程近 10 万千米，雪域高原的铁路超过 2000 千米，5G 通信基站超过 400 个。

新时代的网路、不再是遥远的"天路"，让中国的青藏高原，与世界同前行、共美好。

拉萨贡嘎国际机场：世界海拔最高的航空港

这是一个无限互联的时代，科技让家与世界紧密连接。

这是一个飞速前行的时代，智慧让关乎美好生活的梦想，不断实现与刷新。

这是一个幸福改变的时代，我们的家、我们的国，有触手可及的温暖，更有无尽的期待。

截至 2020 年第三季度，中国智能穿戴设备出货量为 7712 万台。

最新数据显示，智能家居市场规模达到 1800 亿元。

截至 2020 年 3 月，互联网交易规模达 10.63 万亿元。

第二章

医 健康

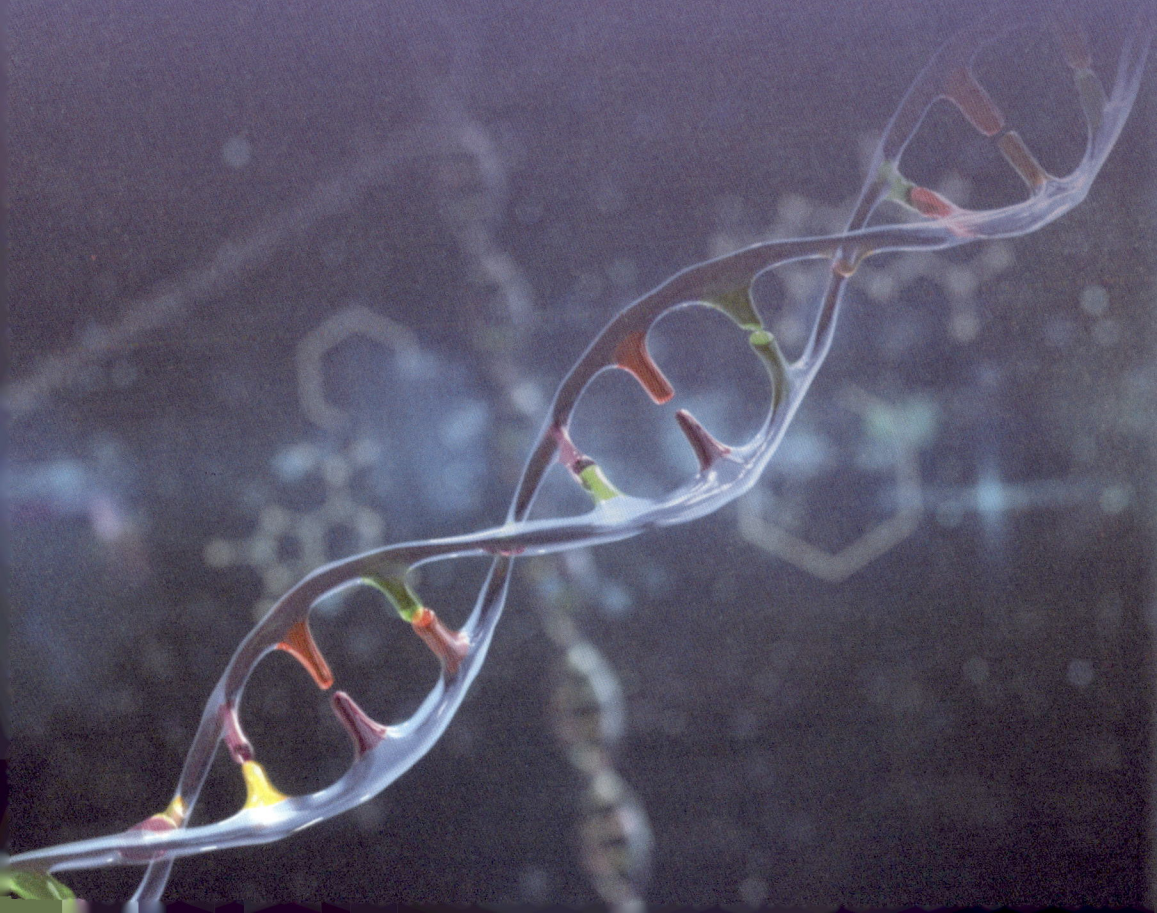

位于桂西北的广西巴马瑶族自治县，人口不足 30 万，但百岁老人就有 70 多位，是世界五大长寿之乡中百岁老人分布率最高的地区。

巴马山上世界上最大的寿字摩崖石刻

清新自然的环境、简单健康的生活方式和当地人素有的长寿基因，是老人们长寿的秘诀。

健康长寿一直是人类不懈追求的目标，也是人们最美好的愿望和祝福。新中国成立之初，中国人的平均寿命为 35 岁。2019 年新中国成立 70 周年时，中国人的平均寿命已经增长到 77.3 岁。当我们回望一段历史，冰冷的数字才会显示出它的温度。因为这些数字背后，是一个个鲜活的生命，是无数家庭的幸福，是中国社会的巨大进步。

> 樊代明（中国工程院院士）：科学技术引入医学以后，大大地促进了医学的发展，很多过去我们不知道的病现在都知道了，有些病我们还发现了药品和疫苗，以及各种各样的治疗方法。医学或者健康这个领域，依靠科技发展跟上了时代的要求和健康的需要，我们才能在践行健康中国伟大战略、呵护人类健康伟大事业中，走得更准，走得更远，更主要是走得更好。

生命至上，大医精诚。

当今世界，正处在一个被前沿科技和创新思想不断改变、不断重塑的新时代。社会进步、民生改善，比以往任何时候都更加需要科学技术提供解决方案——一个面向人们生命健康的、科学的、智慧的解决方案。

初春时节，空气里还弥漫着微微凉意。黄涛和妻子小雪早早出了门。小雪怀孕12周了，今天他们要去县医院做产前检测。

产前检测，除了可以了解胎儿发育状况等常规信息，还可以通过遗传学和影像学检查，对高风险胎儿进行诊断。及早预防、及早介入是降低母婴风险、提高社会人口健康素质的关键。

经过中国基层医疗机构多年来坚持不懈地宣传推广，孕前优生健康检查覆盖率已经达到95.1%。

> 医生：今天是12周啦。按照B超报告看，宝宝长得还挺好的。建议你做个无创DNA检测。

夫妻俩选择了无创基因产检，这是近年来才出现的一个新选项。与传统的产前筛查和诊断技术相比，无创基因产检无须穿刺，减少了准妈妈们的痛苦，更为关键的是，筛查的范围更广泛、更准确。

小雪怕血，但还是坚持抽了 5 毫升的静脉血。这一小管血样，寄托了准妈妈们最美好的期待。

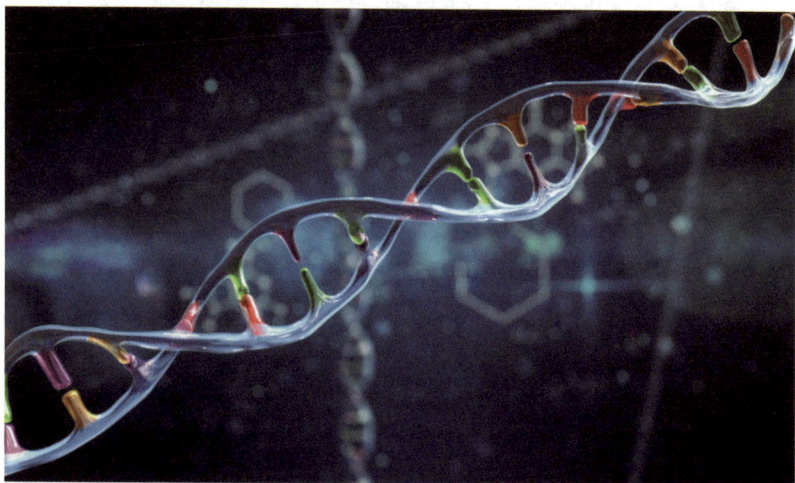

基因：决定人体健康的生命密码

基因，储存着生命构成、生长、衰亡的全部信息，是决定人体健康的生命密码。自基因被发现以来，科学家们就认定它能够帮助人类，把对生命的认知引向一个全新的境域。

杜玉涛（华大基因首席科学家）：它意味着你基本上所有的数据都在里面了，蛋白质大分子的数据、基因的数据，现在的这一时刻你身体里的小分子，比如氨基酸、维生素、激素……所有数据也都在这里了。所以这个血液报告能告诉我们所有的东西。

从孕妇外周血中提取的 DNA，是打开胎儿生命密码的钥匙，通过最新的基因技术，可以从中同时筛查出 1000 多项疾病。一管血看似简单，但检测流程极其复杂。

杜玉涛（华大基因首席科学家）：我们通过基因检测，通过检测你的血液，看到你的血液里边有什么样的细菌和病毒存在。这需要大量的测序，因为细菌和病毒也是外来的基因，它入侵到你的身体，也在你的血液里留下痕迹了。我们检测出来以后，就能够做准确的诊断和治疗，能够让我们更好地了解自己的身体，了解自己的健康状况。

小雪夫妇需要耐心地等待检测结果。

106 岁的黄妈桃，是村里年岁最大的长者。跟老人家聊会儿天，小雪感到温暖、踏实。

小雪夫妇和村里年岁最大的长者——106 岁的黄妈桃在一起

小雪的基因检测结果出来了。显然，这是一个好消息，一个值得全家人庆贺的好消息。正在孕育的新生命，给这个平凡的家庭带来新希望。与日俱增的幸福感，更让他们对即将到来的新生活充满期待。

国家基因库

　　位于深圳的国家基因库，外形酷似梯田的建筑。在基因成为一个国家重要战略资源的今天，这里将为生命科学研究、医学健康和生物产业发展提供基础支撑。

　　王韧（国家基因库主任）：保存基因、懂得基因、了解基因的结构，是决定于当前，也决定于未来的人类生命最重要的一件事情。

　　基因领域的研究，是未来精准医学发展和竞争的关键。

　　树鼩是个鼠头鼠脑的小家伙，虽然有个陌生的名字，但它是除了灵长类动物以外，在进化地位上更接近人类的动物。

　　现代医学发展史，就是一部实验动物的应用与发现史。树鼩要成为实验动物中的明星，它还欠缺一个机会。

　　郑萍（中国科学院昆明动物研究所研究员）：树鼩非常有价值，但是我们做研究，需要把它做一些基因的修饰，然后才能够很准确地知道基因的功能。所以这个时候，我们需要做一些转基因技术的平台。

郑萍团队选择了一个此前从未有人尝试过的领域——她们花费了四年时间，成功建立起树鼩精原干细胞体外培养体系，率先培育出世界上第一只转基因树鼩，解决了树鼩研究中缺乏基因操作的技术瓶颈。

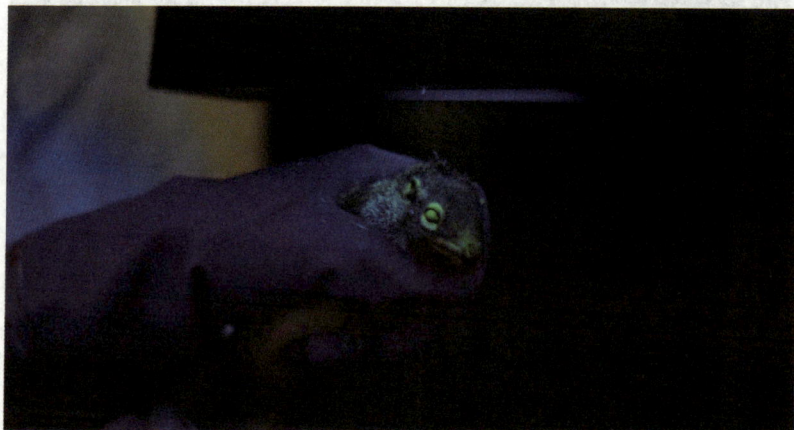

世界上第一只转基因树鼩

郑萍（中国科学院昆明动物研究所研究员）：应该说我们这个体系是建立了一个技术的平台，将来不管是在利用树鼩做任何疾病的模型研究，需要进行基因编辑，那么都可以用我们这套体系来做。所以，它是一个就像奠基石一样的作用。

医学研究的根本目的就是要探索人类疾病的发病机制，从而寻找预防及治疗的方法。

郑萍团队的科学发现，只是基因研究领域的一小步，也许就是无数的一小步，最终会带来突破性的一大步。

郑萍（中国科学院昆明动物研究所研究员）：做科研就是要尝试一些新的东西，如果很多东西你都知道该怎么做了，其实这就不是科学家应该做的事情。所以我们应该做的事情，就是去做很多别人没有做的，就是去做一些专业性比较高的事情。

创新是引领发展的第一动力，机遇永远属于那些勇于创新的人。

2018 年，电影《我不是药神》的热映，引发了全社会的关注，更多的中国人记住了一个词——靶向药。

重庆街头展示的《我不是药神》海报

周彦如（重庆市民）：我没看完。因为什么？当时我觉得看起来很难受，在没有看这个电影之前，我就知道这个事情。

2014 年 11 月 11 日，就确诊我是左下肺肺癌。那种打击是蛮大的，有一些沮丧。我爸爸妈妈两个老人都已 86 岁，我就不想让他们知道我得了病。我妹妹很难过，哭得死去活来的。

当诊断说我有机会吃靶向药的时候，我觉得好像获得了重生一样。

周彦如万万没有想到，退休前的一次例行体检，查出她患了肺癌，而且是晚期。就这样，周彦如的命运被瞬间改变。为了治病，她开始服用进口靶向药。

但是，更大的打击接踵而至。在服用了一段时间进口靶向药后，因为副作用大，医生通知她必须停药、换药。

周向东（陆军军医大学附属第一医院呼吸内科主任）：出现了严重不良反应的时候，就必须要换药。如果不换药，又停了药，意味着她的生命可能就不久了。

周向东是周彦如的主治医生，他向周彦如讲了一个他自己的故事。

周彦如（重庆市民）：他就说他的爸爸是患肺癌走的，那个时候，他还是个主治医生，没有这么多的临床经验去关照他父亲的病，他是眼睁睁地看着他父亲不行的，他当时很难受。

周向东（陆军军医大学附属第一医院呼吸内科主任）：所以从那天起，我就立志要把肺癌作为一个研究方向，一直做到今天。

医学博士丁列明从未见过周彦如和周向东，但是他们三个人的命运却因为肺癌这个可怕的疾病交织在了一起。

早在 2002 年，丁列明与两位同事一起成功开发出针对肺癌的靶向抗癌药前期化合物。当时，靶向药的研发在国内还是空白。

中国每天新增癌症患者 1 万多人，平均每分钟就有 7.5 人被确诊。他们与周彦如面临着同样的困境。

丁列明选择要有所作为。为了能让中国人有吃得起、效果好的靶向药，丁列明决定在国内完成新药研发。

丁列明（国产靶向药研制者）：一些朋友、一些专家都会为我们担忧，觉得你们在做一件不可思议的事，也就是说成功可能性非常小的事。所以有时也会劝我们，你们还是做一点仿制药，因为风险小，成功可能性会大一点，创新的确太难。

新药研发的过程是漫长的。从初筛到实验室设计验证再到动物模型实验，这些环节一个都不能少。七年时间，在无数的磨难中转瞬即逝。

丁列明和团队成员一起做药物实验

丁列明和他的新药终于迎来"大考"——双盲试验。出乎所有人的意料，丁列明要与世界上最好的靶向药做双盲试验。

孙燕（中国工程院院士）：什么叫双盲试验？大夫不知道，病人也不知道，只有一个统计学家知道。但是，他是随机地把这个药物比较平均地分到两组里去。

石远凯（中国医学科学院肿瘤医院副院长）：（进口靶向药）人家是全世界第一个上市的同类药物，在这个领域，就等于是树立了一个标杆。你能不能和人家齐头并进，或者说能不能比人家更好，那就得看你这个药物未来的临床价值。

孙燕（中国工程院院士）：我作为项目主持人非常紧张，能不能疗效比它好、不良反应比它少？所以心理是很忐忑的。

创新往往充满风险和不确定性，自己选的路，丁列明决心走到底。九个月的时间过去了，丁列明在煎熬中等到了双盲试验揭晓的时刻。

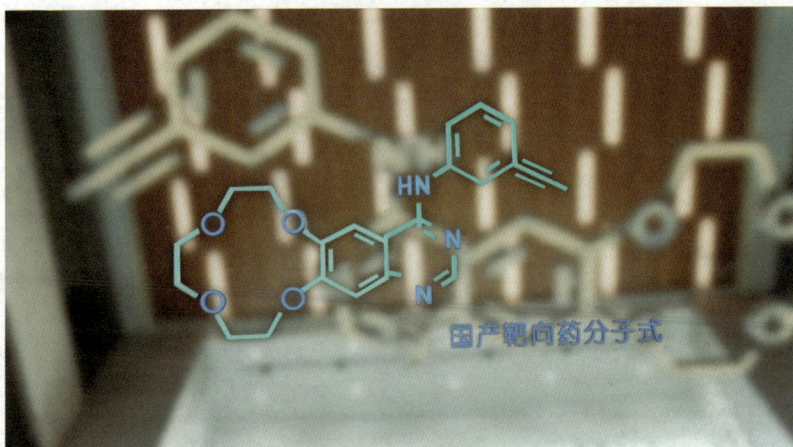

国产靶向药分子式

国产靶向药分子式

　　丁列明（国产靶向药研制者）：非常有戏剧性的一幕，当时我们的研究伙伴在孙燕院士的办公室一起等着盲底的揭开。一打开，我们的组疗效按照时间来算，我们是 4.6 个月，比对照药 3.4 个月要长 34%。安全性、不良反应比例，总的我们是 60，对照组是 70，而且数量少、程度轻，所以大家一看都非常兴奋、高兴。

　　孙燕（中国工程院院士）：开盲以后就证明它是等效的，但是丁列明研制的埃克替尼对皮肤、腹泻这两种最主要的不良反应，都比国外的吉非替尼少，统计学上有显著差异。

　　统计学上哪怕微小的差异，对患者来说也许就意味着生或死。令人欣喜的是，丁列明研制的靶向药取得与进口靶向药同等药效的同时，副作用指标明显优于进口靶向药。

　　这款中国人自己研制的靶向药，即"小分子靶向抗癌药盐酸埃克替尼开发研究、产业化和推广项目"，在 2015 年国家科学技术奖励大会上被评为国家科技进步一等奖。

孙燕院士为丁列明团队取得的成绩感到欣喜

孙燕（中国工程院院士）：非常光荣，做了一件为国争光的大事。

新药研发是世界上公认的周期长、投资大、风险高的高技术产业。在研发的某个阶段卖个好价钱是国际通行的惯例。而丁列明却拒绝了一家跨国公司的收购动议。

丁列明（国产靶向药研制者）：2010年，一家跨国公司出价2.5亿美金，那个时候在中国这可是个天价，对我们来讲的确是很大很大的数字，因为当时我们欠银行1.5亿元人民币，说实话我们太需要钱了。

丁列明坚持把定价权牢牢掌握在中国人自己的手里，他将药品的价格定在了同类进口药价的60%，同时他还制定了更加宽松的赠药政策。

从2011年8月12日审批上市起，已经有九万多名符合条件的肺癌病人获得免费用药，市值达100多亿元。

在停药40多天后，周向东医生把这款国产靶向药推荐给了周彦如。周彦如成为中国西南地区第一批服用这款靶向药的患者。

周彦如（重庆市民）：吃的时候我很有仪式感，就经常说："宝贝，我喜欢你，你拯救我来啦！"然后就服下去了，觉得好爽。

四个月后，周彦如去复查时，终于听到了她最想听到的话。

周向东医生给周彦如看片：尤其你看这一块，这是凸出来了，而这儿就缩回去了。我们再往下看，实际上也很明显。你看这是一大片，而这儿就有吸收，左下肺的病变也是，肺上控制得还是不错的。

这款国产靶向药在周彦如身上起作用了，她一直默默祈祷的奇迹就这样在她的身上真的发生了。

石远凯（中国医学科学院肿瘤医院副院长）：对于晚期的肿瘤病人，我们要不断地努力，通过一代一代新的抗肿瘤药物的研发，综合治疗方式不断合理应用，让病人虽然是得了晚期肿瘤，也能够像高血压、糖尿病一样，成为一种可控的慢性疾病。

周彦如服用这款药物已经五年了，能够重新过上普通人的生活，是她最大的幸福。

周彦如（重庆市民）：我的肿瘤还在缩小，我生活质量就和常人一样的。第一个五年过去了，我们要争取第二个五年。内心有的就是感恩，有这颗感恩的心，我就有力量活下去。真的！

　　我觉得如果说人生是一个故事，我的故事也是很可以的，如果说这个故事要结束，我觉得这个故事也是很完美的。

国产靶向药使奇迹在患者身上发生

在北京，后厂村被称作是"中国互联网的浪潮中心"，这里是年轻人在互联网时代追逐梦想的地方。杨华就是他们中的一员。

> 杨华：在北京确实节奏也比较快，自己手上的任务也比较重，压力确实挺大的。

最近，频繁的胃部不适，让杨华有些坐立不安，网上的一组数据更是让他忧心忡忡。在中国，胃癌是最常见的恶性肿瘤之一，导致胃癌发病率居高不下的原因，竟然与人们疏于检查有关。杨华不得不按下工作的暂停键，去医院检查。

医生建议杨华做一次胃镜检查，这是上消化道病变的首选检查方法。但是，这个过程中出现的呕吐感，往往让被检查者难以忍受。和很多人一样，出于对胃镜的恐惧，杨华临阵脱逃了。

正是一个神奇的胶囊，打消了杨华的顾虑。

王新宏，原本是从事影像通信产品开发的工程师。正是因为一组数据，让人到中年的他，毅然选择了跨界。

> 王新宏（磁控胶囊胃镜联合研发人）：中国只有不到 4 万个内镜医生，要服务 8000 万到 1 亿人。在中国做胃镜检查的时候，也有医疗资源的问题。

医疗资源供需失衡的痛点，是这支研发团队的初心。他们集成了多个领域的高新技术，研发出全球首款"磁控胶囊胃镜系统"。

一颗长 27 毫米、直径 11.8 毫米、体重不足 5 克的胶囊，耗费了研发团队数年的心血。其中藏着数百个元器件，是医工结合的成果，被视为胃疾病检查的革命性创新手段。

对新技术天生好奇的杨华，决定体验一下磁控胶囊。

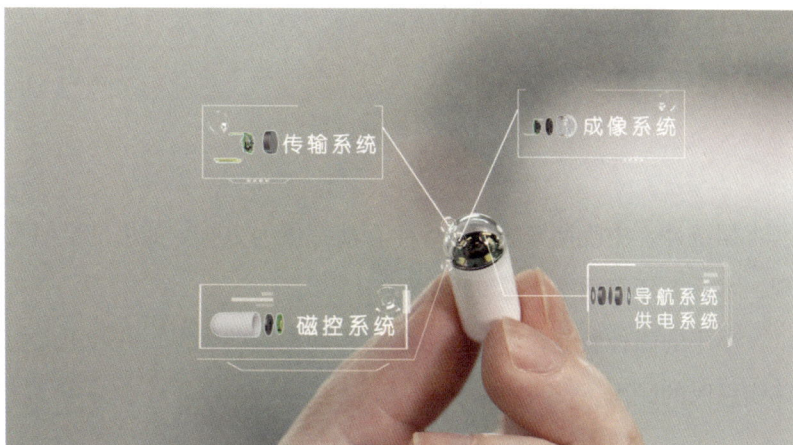

神奇的胶囊：磁
控胶囊胃镜

　　磁控胶囊胃镜进入食道后，一个 150 度宽幅视野微镜头，以微角度和毫米级精度进行拍摄。在 15 分钟至 30 分钟时间里，它能采集几千张胃部图像，图像经过无线传输，实时清晰地呈现在电脑屏幕上。

　　这种无痛、无创、无需麻醉的筛查手段，虽然还无法实现电子胃镜取活检、内镜下治疗的功能，但它解决了心内科疾病患者、胃镜禁忌症人群的胃病检查难题，是电子胃镜的有益补充。

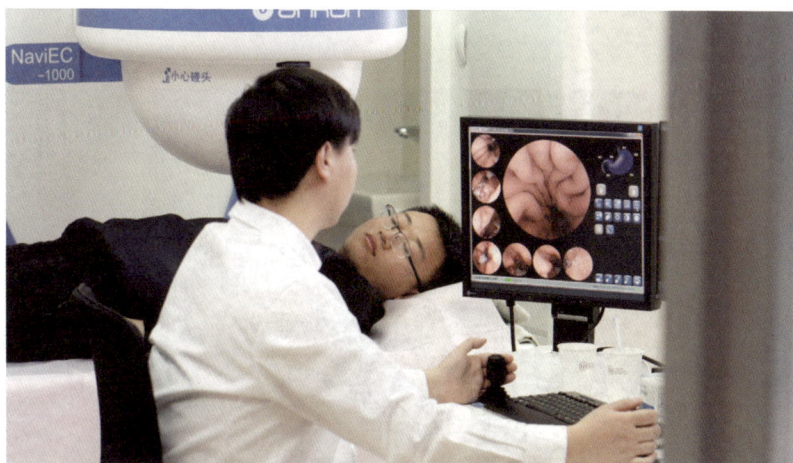

磁控胶囊胃镜实
时清晰传输胃部
图像

王新宏（磁控胶囊胃镜联合研发人）：满足医生在临床上在胃中获取不同位置、不同病变的要求，控制精度在毫米量级。这就是我们说的精准磁控。

据统计，中晚期胃癌术后 5 年存活率仅为 20%。如果是早期发现，术后 5 年存活率可达 95% 以上。

小小的磁控胶囊，消除了人们对胃病检查的恐惧，减轻了人们讳疾忌医的顾虑。

科技创新带来的改变，给更多的人带来了方便。

2020 年初，新冠疫情席卷全球，一时间，让全世界猝不及防。

封芬，是西安第九人民医院老年病科的一名护士长。危急时刻，封芬主动请战，成为陕西援鄂医疗队的一名队员。

封芬（西安第九人民医院老年病科护士长）：我当时没有告诉父母，我怕他们担心。我们在武汉 55 天，我瞒了他们 54 天。

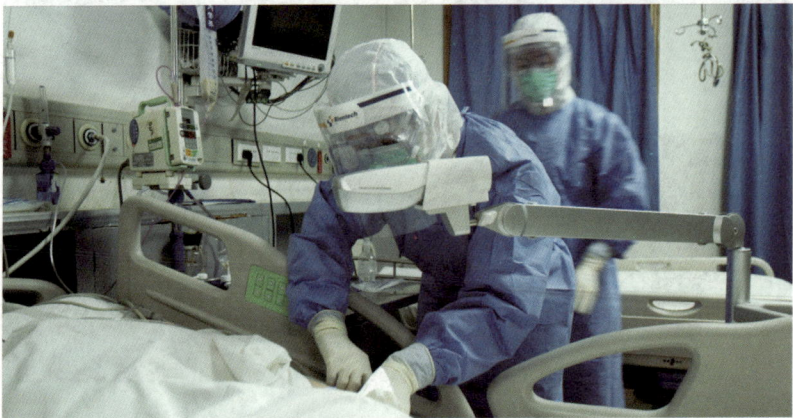

封芬全副武装照料患者

尽管出发前，封芬和队友们做好了各方面的准备，但是一个小麻烦却成为她们遇到的大难题。

封芬（西安第九人民医院老年病科护士长）：护目镜布满水珠水雾，我们要去看，要去观察，要去操作，就通过这种水雾的一个缝隙去看。我们戴手套都是三层手套，给病人扎针的时候，手上的感觉是完全下降的。

一个队友在她扎针的时候，前两次没有穿刺上，挺着急的，我说刚好我们不是带了"新式武器"吗？我们拿来试一下，就一针成功了。大家都觉得很开心。

这个能够透过皮肤识别血管的新式武器，竟然来自中国的航天技术。

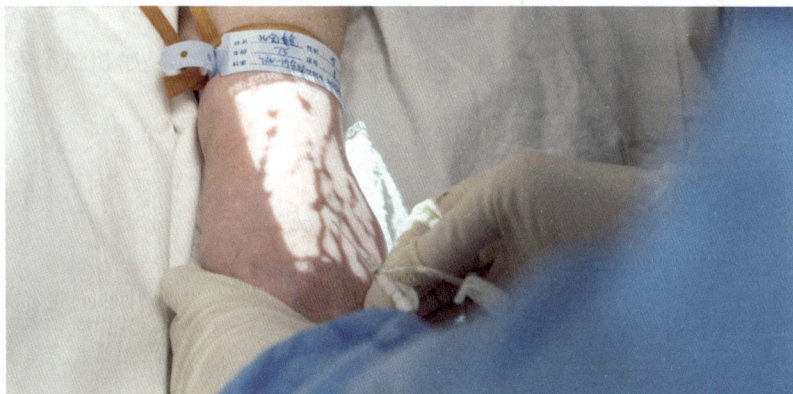

"新式武器"可透过皮肤识别血管

朱锐（中科院西安光学精密机械研究所生物光子学工程中心主任）：这个是红外血管成像仪，它解决的问题就是咱们在静脉注射的时候，有很多人的血管看不清、找不着。用这个东西一看，就看得很清楚。

航天拍摄地面，中间要穿过层层云雾。如果不进行图像处理的话，这个信号会受到很多影响，跟我们想看到皮下血管这个有点类似。

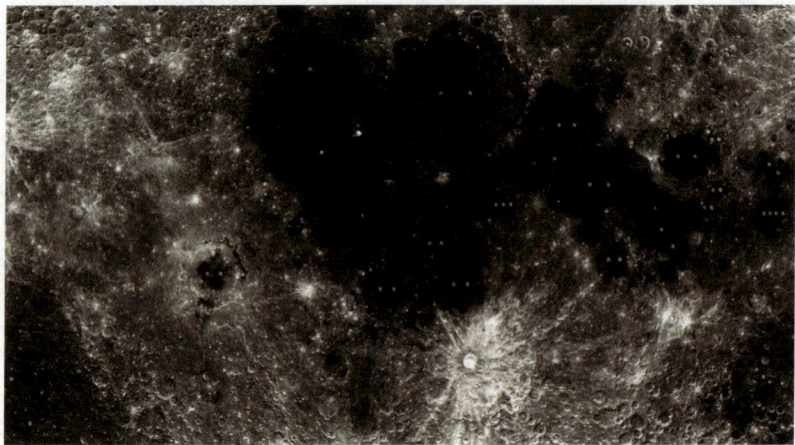

目前世界上公布的最为清晰完整的月球影像图

这张全月图，是目前世界上公布的最为清晰完整的月球影像图。拍下这张照片的全景相机，就是中科院西安光学精密机械研究所研制的。

朱锐（中科院西安光学精密机械研究所生物光子学工程中心主任）：把图像拍出来，是光学技术；如何让图像变得好看，让原来看不到的东西现在能看到，这是算法技术。

需求往往是科技创新的动力。国家和人民的需要，就是科技工作者的使命与担当。

朱锐（中科院西安光学精密机械研究所生物光子学工程中心主任）：孩子打针打了两三针才打进去，看得撕心裂肺。护士就说你们中科院的、做研究的，你就不能做一个什么东西，让我们医生能看到血管，这样我们扎针就容易一些。

看到护士们的无奈和期盼，朱锐决定尝试。

朱锐（中科院西安光学精密机械研究所生物光子学工程中心主任）：我们是要自主创新的东西，后来我们就发展出来自己独创的一套系统。从我们发明了这个系统之后，全世界其他的后进者都在抄袭我们的系统，这是让我们挺自豪的一件事情。

八个月后，第一代投影式红外血管成像仪产品研制成功了。此后，不断迭代升级的新产品，不仅可以清楚地看到皮肤下面的血管，而且还能清晰地看到针头在血管中的位置。

封芬（西安第九人民医院老年病科护士长）：血管成像仪可以称为"护士之眼"了。它减轻护士的一个穿刺的压力，再一个就是病人也可以减少痛苦。

在中国，有445万名像封芬这样的护士每天在为病患服务，来自航空航天领域里的高科技以这样极简的方式走进病房，化解了医学难题，融洽了医患关系，增强了医护人员的成就感，提升了广大患者的幸福感。

航天领域的高科技成为"护士之眼"

与封芬一样，奋战在抗疫一线的北京海淀医院影像科，一度陷入忙碌不堪的状态。

医院影像科的接诊量在 2020 年春节前后翻了一倍多，这让这支仅有 42 人的影像科医疗团队应接不暇。

> 李大胜（北京海淀医院影像科主任）：一个 CT 扫描从上到下就是覆盖全肺图像有 300 多幅，都看一遍，还是需要花一些时间的。注意力比较集中的情况下，可能大概 10 分钟、15 分钟能完成，但是在状态不好，比如说比较疲劳的状态下，可能这个时间还会延长。

此时，李大胜多么渴望有一件攻坚利器。

> 陈宽（医疗人工智能专家）：AI 在医疗这个场景当中，它的核心应用在于大幅地提升医生的工作效率，让他在有限的时间、有限的资源当中，能够去诊断治疗更多的患者，并且能迅速地去提升诊断质量。

人工智能的本质，就是人类利用创造出来的智能，更好地服务于人类。陈宽一直致力于人工智能技术在肺癌筛查领域的开发应用。在他看来，幅员辽阔、人口众多的中国，拥有人工智能技术应用的丰富场景，这是中国发展人工智能得天独厚的资源优势。

> 陈宽（医疗人工智能专家）：通过计算机来模拟大量的这种神经网络的结构，像人一样去学习，某一道题做对了，我就去奖励人工智能，做错了我就去惩罚它。在这个过程当中，它就越学越智能，越学越熟悉。人工智能学习

的一个过程，就跟我们教一个小孩教一个学生是一模一样的，其实并不神秘。

新冠疫情的暴发，让陈宽敏锐地感觉到人工智能影响世界的能力。

从 2020 年春节开始，陈宽及时调整团队研究方向，通过采集病例，利用人工智能对海量数据的积累、分析，迅速研发出一套有自主知识产权的"肺炎智能辅助筛查和疫情监测系统"，第一时间在 50 多家医院上线使用。

李大胜所在的医院，第一时间应用了这套系统。

李大胜（北京海淀医院影像科主任）：一打开，就可以显示出一个红色的预警，判断这个病人可能有肺炎。AI 它没有疲劳，而且它可以持续不断，就是说很快速地比较准确地给你一个结果。这可以大大缩短我们的影像诊断时间，基本上也就在两三分钟。

推想科技欧洲员工 A：你觉得这次上线中，最大的挑战是什么？

推想科技欧洲员工 B：我觉得对我们团队的心理还是有一定的冲击的，罗马毕竟是疫区嘛。虽然有挑战，但是我们非常好地克服了。

利器在手，惠及全球。

中国的人工智能系统，在短短的几个月时间里，在欧洲的 14 个国家、全球 90 多家医疗机构上线应用，提供新冠病例的筛查服务。

陈宽（医疗人工智能专家）：人工智能在医疗领域的未来，就是帮助医生、帮助整个行业建立起我们称之为人类诊疗服务能力的命运共同体。

人工智能奏响了人类追求美好的旋律，成就了人类渴望健康的梦想。

健康，是每一个人的梦想。在北京，一位身处绝境的年轻女孩，祈求着命运的眷顾，期盼着奇迹的发生。

北京大学人民医院血液病研究所所长黄晓军给李爽看病

黄晓军：其实你原来也没什么症状吧。

李爽：就是活动之后可能会心悸。

黄晓军：有点累是吧。

李爽：就是胆红素也特别高。

黄晓军：胆红素高是另一个问题。

上班的时候感觉有点头晕，李爽去体检了，确诊是 MDS。MDS 是骨髓增生异常综合征，其中部分高危患者会向白血病转变。遗憾的是，李爽已经处于白血病的前期阶段。

造血干细胞移植，也就是骨髓移植，是治疗白血病的有效方法之一。

中国红十字会中华骨髓库，是白血病人的求生平台。它拥有280 多万份志愿者的造血干细胞信息，同时与世界 58 个国家和地区的骨髓库实现资源共享。但是寻找完全匹配的供体如同大海捞针，在普通人群中，配型完全吻合的概率只有十万分之一。

中华骨髓库

李爽与家人的检测结果都是半相合、无法满足完全匹配的要求。但是李爽的病情无法承受遥遥无期的等待。

李爽妈妈：当时我这心里"咯噔"一下，肯定着急啦，真是流了一道儿眼泪，没敢让她看见，也没敢跟她说。到了把眼泪擦干了，最起码后边当她坚强后盾，也不能全都慌了。

李爽确诊时，与男友刚刚交往一个月。男友和家人的鼓励，以及对未来生活的向往，让年轻的李爽从未放弃。

希望总是有的。

北京大学人民医院的黄晓军医生，与全世界同行的共同愿望就是，实现人人都有造血干细胞移植供者。

T细胞是骨髓移植能否成功的关键，它具有很强的攻击性，既会杀死肿瘤细胞，也会攻击患者体内的正常细胞。十几年来一直在研究，希望找到一种能让T细胞变"乖"的方法。

黄晓军的目标就是驯服T细胞。

黄晓军（北京大学人民医院血液病研究所所长）：大家都认为 T 细胞是关键，所以外国人一直在想很简单的思路，我把 T 细胞去除不就行了吗？你把 T 细胞去掉，它细胞长不进去。长进去了以后它没有抗肿瘤作用，所以你是减掉了抗宿主病，最后病人死掉了。

而我们换了一个方式，就把病人的 T 细胞在做之前进行"教育"，跟病人的 T 细胞说，你进去以后不要去攻击我们病人，你是来帮他，等到长好了以后你去打敌人，误伤了一点我们也认。移植本身的核心问题就解决了。

思路是简单的、直接的，但过程远比想象的要复杂得多。2000 年，黄晓军的第一例半相合骨髓移植术获得了成功。

黄晓军（北京大学人民医院血液病研究所所长）：2000 年做了第一例，好像解决了它的植入，抗宿主病也不是很重。我们做了第一例，我们在想是不是我们撞的，不一定靠谱；做了第二例，我们觉得心里也没数；我们是做了很多例，然后再去找共性。到了 100 多例的时候，我们才比较相信这是靠谱的。到了 2016 年，世界骨髓移植协会说，你们做的这个体系真的是解决了半相合的问题了，所以成为"北京方案"。

"北京方案"让黄晓军领衔的北京大学人民医院血液病研究所，成为全球患者移植生存率最高的亲缘半相合移植中心，总体生存率达 75% 至 89%，取得了与全相合配型移植一致的疗效。

> 黄晓军（北京大学人民医院血液病研究所所长）：人人都有供者，就是半相合。从人群的角度说，他几乎百分之百能找到这样的供者，实际上有些特例也不会超过1%、2%，所以，我们准确的说法是"北京方案"基本实现人人都有移植供者。

2019 年 8 月 26 日，李爽和家人永远会记住这一天。她们带着最后一线生的希望住进了北大人民医院，李爽将生命交到了黄晓军医生的手中。

黄晓军医生要用"北京方案"拯救李爽。比李爽小六岁的妹妹为她提供骨髓和外周血干细胞，尽管妹妹的配型与李爽只是半相合。

> 李爽妹妹：挺害怕的，因为当时还不太了解，然后觉得可能特别疼，特别痛苦，我也做了很久的心理准备。其实做完了发现也还好吧，就像做了一场梦一样。

一切像梦一样不真实，一切又像梦一样清晰地进行着。无菌仓里，妹妹的骨髓血缓缓输入李爽的身体。李爽的人生就这样被改变了。

> 黄晓军（北京大学人民医院血液病研究所所长）：很多科学问题，大道至简就这个道理，你那层纸一捅破了，很多事很简单。科技改变人生，就是不完全按你定位来的，要靠你来做的。

黄晓军查房与李爽对话

黄晓军：挺好的，当时给你做不做还在那里纠结呢，胆红素太高。最后讨论完，还是不错的。你是做什么工作？

李爽：我之前是做销售的。

黄晓军：做什么销售？

李爽：教育，行业压力比较大。

黄晓军：业绩明年再考虑，今年不考虑业绩。

黄晓军医生查房，与患者谈笑风生

在中国，白血病占恶性肿瘤所致死亡的第9位。中国每年新发现的白血病患者，仅18周岁以下的就有1.5万人左右。

黄晓军每天面对患者的求助，都是生死相托。

黄晓军与外籍患者

外籍患者：早上好，我感觉非常好，我没有任何不良反应。我很高兴，很自豪地能成为你的患者。

黄晓军：我也以你为自豪。

黄晓军（北京大学人民医院血液病研究所所长）：医学它是在科学基础上的一门艺术，它兼具科学的特性及社会和人文性。要有知识、要有技能、要有创新，更要有责任、担当和人文情怀，只有这样才会成为大医生。

李爽：我觉得如果没有中国半相合技术这么成熟，对于我们这类患者真的就是一个不治之症了。我移植之后效果也挺好的，到现在为止，我的体温也都特别正常，饮食也都特别好，基本上挺能吃的。

中国提供的"北京方案"为全世界白血病患者点燃生的希望

中国提供的"北京方案"，为全世界的白血病患者点燃了生的希望。

2020年元旦前夕，深圳交响乐团新年音乐会如期举行。大提琴手毛澄宇能参加这场演出，是她生命的奇迹，更是一个医学的奇迹。

大提琴手毛澄宇在新年音乐会上演奏

四年前，正在新加坡国立大学攻读音乐的毛澄宇，被一纸诊断书推向了人生的绝境。

毛澄宇（深圳交响乐团大提琴手）：我爸爸妈妈甚至是一夜之间白了头，特别揪心，因为不知道会发生什么。

经医生诊断，毛澄宇脑内长了一个血管瘤，位置就在大脑的音乐功能区附近，不仅时刻威胁着她的生命安危，她视为生命的音乐梦想也将化为泡影。

顾建文［战略支援部队特色医学中心主任（原解放军306医院院长）］：她非常活泼，也非常阳光灿烂。我说一定要为这个孩子做好手术，让她成功地返回舞台。

既要摘除血管瘤，又不能损伤大脑的音乐功能。为此，顾建文医生制定了清醒开颅唤醒术的手术方案。为了确保手术的精准可靠和万无一失，他特意配备了刘达博士团队研发的睿米手术机器人。

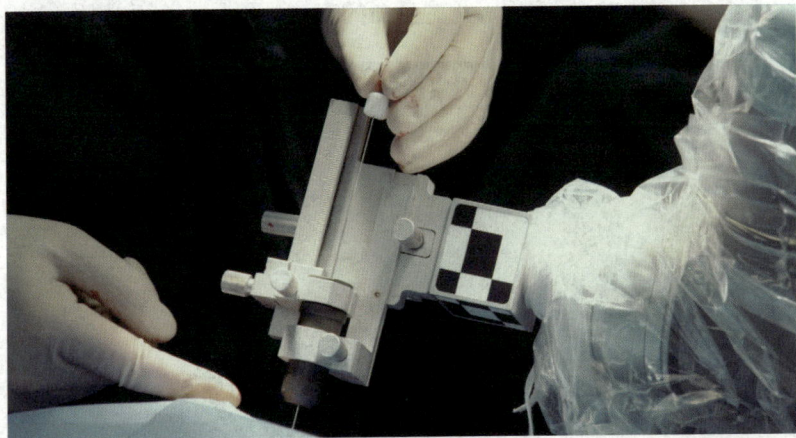

医生和机器人共同为患者做手术

这台国内首例、世界上也极为罕见的高难度人机结合的手术，就这样诞生了。睿米手术机器人，是国内研发的首个神经外科手术导航定位系统。此前，对于患者脑瘤位置的计算，医生需要一个小时，误差在 3 毫米。在睿米手术机器人的帮助下，2 分钟内就能精准定位，误差在 0.5 毫米。它能够解决传统开颅手术的高风险和框架手术多创口的难题。

> 刘达（睿米手术机器人研发人）：医生利用三维的影像进行手术方案的规划，也就是穿刺的路径从哪儿进，进多深，这是医生在三维的模型上定制好的。

这是一个步步惊心，又让人肃然起敬的场景。

手术过程中，毛澄宇从麻醉状态中被唤醒，医生要求她要一直唱歌。

> **手术现场**
>
> 毛澄宇：我的脑袋现在是开开的吗？
>
> 医生：没有，只有一个小孔，知道吗？
>
> 顾建文：在功能测试情况下进行手术，来达到功能不要废损。她的音乐功能在不断的演示过程中去切除，这个是最精准的。如果要是有影响，她就唱不出来了，音律、节律也会偏了。

这应该就是生命之歌了。毛澄宇的声音细若游丝，但是韵律准确。

医生高超的技艺和对生命的尊重，毛澄宇视音乐为生命的挚爱，手术机器人完美、精准的执行力，共同奏响一首礼赞生命的交响乐。

顾建文［战略支援部队特色医学中心主任（原解放军306 医院院长）］：激动，因为我做的手术非常多，但能够从手术台上下来以后唱着歌出手术室，我还是头一次。最让人欣慰的是，一个孩子的艺术生命得到了保留。

刘达（睿米手术机器人研发人）：结合机器人做得非常典型的、非常完美的手术。

毛澄宇（深圳交响乐团大提琴手）：感恩，非常感恩，感谢306 医院给了我重生的机会。我特别感谢咱们祖国有这么强大的、发展这么快的科技。

医生和机器人配合完成一台完美的手术

对健康长寿的期盼和追求，是人类最美好的愿望。

前沿科技和创新理念，像日日新的阳光，照进人们的生活，让人生更明亮、更温暖、更有保障，也让每个人的生命色彩更加绚丽、充满希望。

截至 2020 年底

中国基本医疗保险总体覆盖率稳定在 95% 以上；

中国居民个人卫生支出占卫生总费用的比重为 28%；

中国医师数量达到 386.7 万人，年诊疗人次 87.2 亿。

第三章

慧城市

"慧　城市"
完整视频

杭州，一直是中国人美好生活的向往之地。5000 年前，这里出现了"文明的曙光"，诞生了最早的人类城市雏形。

杭州西湖

水路的开通，将杭州置于京杭大运河的咽喉之处，杭州从此肇兴。而今，这里因"智慧城市"再次为世人瞩目。

在王坚博士看来，城市从未停止进化的脚步，科技创新是引领城市发展的第一动力。

王坚（中国工程院院士）：当城市那么复杂的时候，其实靠人来协调是非常非常困难的。所以我想它需要有个新的机制，城市本身需要有个新的机制来做这件事情。让人用更好的方式、更文明的方式待在这个城市里面。

城市是人民的城市，思想和理念决定着城市的前途和未来。当今时代，创新科技正在深刻地改变着我们熟悉的城市。

正午时分，师生们从课堂涌向食堂，这里是陈伟勇的战场。他必须在1小时内为这所大学35000名师生提供午餐。陈伟勇的淡定，是因为有这样一组数据熟稔于心。

> 陈伟勇（深圳大学后勤部主任）：一个中午的全深圳大学单消耗菜就12吨，米就是6吨，油1300多升，肉类大概是1.6吨，消耗水一天大概600方，电1.2万度。

一顿简单的午饭，让一所大学每天都会消耗海量的资源。然而这一切只是一座城市维持正常运转的缩影。

今天，地球上超过一半的人口生活在城市。城市创造着繁华，而繁华让城市日益复杂。交通、天气、水电、管网，每一个系统都面临着城市扩容的空前挑战，它们之间相互独立又密不可分。一个微小的变化就可能给整个城市带来难以预料的混乱。因此，每座城

交通拥堵是城市之痛

市都需要一位具有非凡智慧、全天不休的"超人市长"。

交通拥堵是城市之痛。在过去十年中，全球城市交通拥堵状况持续恶化，主要城市平均拥堵率超过了40%，不仅影响着人们的心情，更影响着城市的效率。

新街口，是南京这座城市的心脏地带，它的脚下是亚洲最大的地铁站——拥有24个出口的新街口站。这个繁忙的交通枢纽，日均客流峰值超过百万人次，地铁管理部门持续承受着巨大的压力。

南京地铁灵山控制中心被喻为"南京地铁的大脑"，它凭借智能化的手段实现了按客流分配运能。调整发车的间隔，提高运力，是解决高峰时段拥堵的唯一办法。

南京地铁灵山控制中心

近些年，大型以及超大型城市的地铁发车间隔已经临近极限。间隔每缩短十秒，提升的运力就可能达到5%到8%。尽管只缩短了这短短几十秒的时间，也是一个庞大的系统工程，这背后的秘密，就是智能化信号系统的一次次迭代升级。

大数据技术的创新应用，提升了地下交通的出行效率。而压力最大的地上交通，也将在智能科技的引领下，迎来新的改变。

尚雪冰是一位拥有 400 万粉丝的深圳网红交警，他将执法现场变成了生动的交通安全课堂。

尚雪冰所在的大鹏区是深圳人最钟爱的休闲胜地，但曾经每逢节假日，这里的拥堵都令人望而生畏。

尚雪冰（深圳交警）：到了假期，七八里的路就剩两条道了，一进一出的特别多。进去车辆多的里面饱和了，都倒灌出来了，堵到凌晨四点多。

交通拥堵的本质是交通供给与交通需求之间的矛盾，最令交通管理者担忧的是，拥堵极易引发次生事故，甚至导致城市局部交通瘫痪。

王乐（深圳交警局道管科科长）：2017 年 5 月 1 日当天，进入深圳东部的车辆达到了 5.6 万辆，达到了历史的一个顶峰。所以整个盐坝高速双方向的拥堵时长达到了 23.5 个小时。

解决拥堵的常规手段，是限制部分车辆出行，这种简单的流量管理是城市的无奈之举。

2019 年，深圳交警为解决交通需求的矛盾，在拥堵景区实行预约出行服务。这项看似平常的管理试验，是将交通流量管理转变为交通需求管理。

进入景区游玩的车主通过手机软件提出申请，系统会根据道路的实时流量情况，智能安排预约车辆进入景区的时间。这种大胆尝试的背后，是利用大数据与人工智能技术融合打造出来的智慧交通新方法。

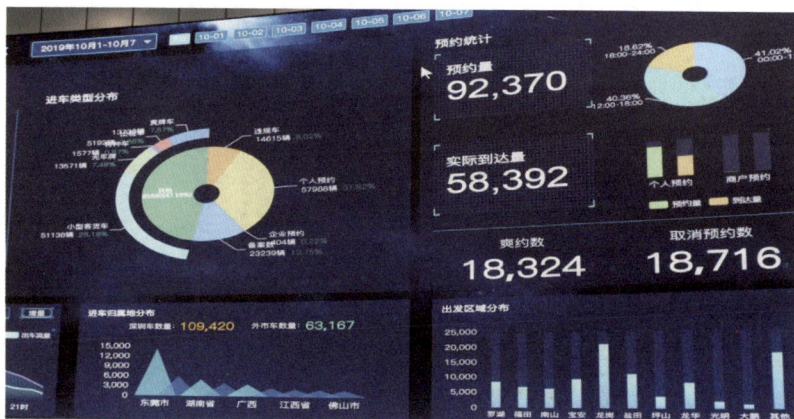

预约出行服务：
智慧交通新方法

> 王乐（深圳交警局道管科科长）：我不但知道每一台车什么时候进入路网，往哪个方向去，将要去哪儿，我甚至可以直接通知到每一台车的车主，而且是点对点精确干预。

这款预约通行系统上线后，大鹏景区的拥堵现象得到极大改观，虽然节假日进入景区的车量总量未减，但拥堵指数下降了60%。

科技的进步，带来管理理念和管理手段的创新。人工智能和大数据的深度应用，正在为解决城市问题提供智慧的思路和方案。

王坚博士和他的团队，从城市交通入手并延展到城市的各个领域，将大数据作为一种资源，打造一个全新的城市管理理念——"城市大脑"。

> 王坚（中国工程院院士）：一个城市除了我们传统意义上的土地、水这些以外，我们多了一个非常重要的而且也非常丰富的资源——数据资源。这个数据资源实际上就变成了城市大脑的血液。

王坚博士讲述"智慧城市"

在杭州，"城市大脑"将各管理部门系统性地联通起来，汇聚起837亿条数据。犹如打通了城市的各条神经网络，实现了对城市这个复杂系统的深度感知。

杭州"城市大脑"中心

周奕（杭州市交警局科信局民警）：我们把全市4000个路监控和1600个路的信号灯全部接入了"城市大脑"。在这个背景之下，我们"城市大脑"交通系统每天能发现将近4万起的交通拥堵情况和交通违法情况。

智能科技引领地上交通新改变

在没有增加道路基础设施的前提下，"城市大脑"让杭州的道路通行效率提高了 16.5%，其中蕴藏着的巨大价值，是推动整座城市的管理理念和管理手段的现代化升级。"城市大脑"的触角在不知不觉中已经深入我们生活的各个领域。

互联网时代，人们每一天都需要浏览海量信息。天气预报因为与我们的生活息息相关，成为不可或缺的那一条。

阳光、沙滩、乘风破浪，这是李鹏向往的自由生活。

厦门，令人心驰神往的度假胜地，这里也是让李鹏迷恋的训练场。作为中国最早的风筝帆板职业运动员，李鹏已经拿到了国内所有相关赛事的冠军，他的目标是参加下届奥运会。

风筝冲浪高手李鹏完成高难度动作

在惊涛骇浪中不断挑战自己的李鹏，需要依据精准的天气预报，来制定自己的训练计划。

李鹏（风筝冲浪运动员）：可以看到未来十天的预报，它精确到每三个小时。基本上我们所有的、每一天的、每一周的这个计划，都会根据这个来安排。

距离厦门 100 千米外的泉州，是一座因海而生的城市，是古代海上丝绸之路的起点。

出海捕鱼，曾经是泉州人最古老的职业。此刻，船长谢转业正驾驶着渔船，前往外海作业。面对风云变幻的大海，无所依靠的他们一直怀揣敬畏。

海上训练的李鹏、出海捕鱼的谢转业，他们的身后拥有一个强大的服务团队——中国国家气象中心。

中国国家气象中心是中国天气预报信息权威制作与发布的神经中枢，提高预报准确率一直是他们工作的核心。因为这里发布的每条信息，影响着 14 亿多人每天的生活。而在这个幅员辽阔、气候条件复杂的国度，一份更精确的天气预报是如何获得的呢？

秦岭横贯东西、绵延千里，是中国地理的分界线，也是中国气候的天然分水岭。每天早晨，张继荣习惯性地到气象站走一走、看一看，作为一名气象观测员，他在这里工作了近 40 年。

中国国家气象中
心

当年，张继荣的任务就是每隔一小时人工抄报一次气象数据，不论雨雪、无论风云，都是他们观测的对象。收集数据、分析数据是预报天气的基本方法，遍布全国各地的 2500 多个地面观测站点，就是国家气象中心这颗"大脑"的神经末梢。

现在镇安气象站已经实现了自动化监测，每隔 5 分钟，监测数据同全国近 3 万个区域自动气象观测站一起上传至国家气象中心，为一份更准确的天气预报提供丰富的实况资料。

国家气象中心的首席气象分析师王海平，正在密切关注着卫星图像的变化。

风向：东南
相对湿度：61%

气压：1.6hpa
雨量：9mm
风速：7m/s

蒸发量：399mm
地温：16℃

地面观测站点：
国家气象中心的
神经末梢

气象分析师们的从容与自信，来自另一位太空中的工作伙伴——气象卫星。截至 2019 年，中国已成功发射 17 颗"风云"系列气象卫星，成为当今世界上同时拥有极轨和静止气象卫星的三个国家之一。

中国人最熟悉的微信登录界面，就是中国最新一代静止轨道卫星风云四号的作品。

王海平（中国气象局台风与海洋气象预报中心高级工程师）：我们利用风云四号新一代的静止轨道气象卫星观测，可以对全球的台风进行不间断的连续监测。

微信登录界面

风云四号与地球自转同步，可以实现对特定区域的不间断观测，这样的能力让王海平团队可以实时跟踪台风的动态。

根据最新气象云图显示，这个强热带风暴将从福建沿海地区登陆，那里正是谢转业渔船所在的位置。

几十年的出海经验，让谢转业对于来自大海的瞬息变化，有着敏锐的直觉。

变幻莫测的台风，是世界上最具破坏力的自然灾害之一。西北太平洋每年平均生成 26.5 起台风。据官方统计，台风对中国沿海地区造成的直接经济损失平均每年近 500 亿元。

王海平观测到，台湾以东洋面将会出现一个九到十级的大风。

随着台风临近，国家气象中心的气氛紧张起来。每隔一小时，王海平团队就要进行一次电话会商，向台风可能登陆的地区发出监测通报。

此时，这个强热带风暴已经清晰地展示在众人面前。根据它未来可能通过的路径、区域及影响规模，相关沿海城市的应急指挥中心正严阵以待。

与此同时，谢转业渔船的坐标，也已被泉州灾害应急指挥中心锁定，工作人员立即通知谢转业做好安全工作，紧急撤离。

最近的避风港需要三个小时的航程，但这足够谢转业安全撤离。曾经的台风季，渔民们每次出港，都要将生命托付给庙宇里的一炷香火。而此时，有了专业、系统的气象服务，谢转业已能将命运稳稳地握在自己手里。

王海平（中国气象局台风与海洋气象预报中心高级工程师）：最近这几年，我们的台风24小时预报的这个误差，基本上都是在 60 公里到 70 公里，它是处在国际上一个比较领先的位置上的。

随着地面和卫星监测不断精准化，中国每天都会产生百万兆级别的气象数据。如此海量数据的存储分析，需要一个"超强大脑"。站在王海平和她团队身后的，正是性能不断迭代的超级计算机。

中国新一代超级计算机的运算速度已达到 12.5 亿亿次 / 秒，而这一秒的运算能力需要 14 亿人用算盘计算 1 万年。

气象超级计算机

来自天上和地面的观测数据，以及强大的算力，让人们可以越来越精准地预判天气情况。目前三天内的天气预报，在全球范围的准确率可达到70%—80%。

中国是一个气象大国，但距离气象强国还有一定的差距。在科技手段的助推下，生活在现代社会中的人们，更加期待对天地万物的实时感知，能够预测风雨、预知天地变化，从而未雨绸缪。

成都，一座来了就不想走的城市。安逸、闲适的生活气息，弥漫在这座城市的每个角落。

结婚十周年纪念日前夕，韩鹏特意预定了一处可以俯瞰全城的最高位置，他想给妻子一个特别的纪念。

成都锦绣天府塔上的浪漫纪念日

被誉为"中国西部第一高塔"的锦绣天府塔高339米，是成都这座城市的经典地标。

韩鹏（自由职业者）：人这辈子也没几个十年，尤其是两个人在一块儿的十年，从两个人变成了四个人，这十年应该还是很有收获的。

锦绣天府塔是目前成都最高的地方，我经常从这里路过，但是一直没上来过。现在成都的高楼大厦越来越多，在这个视角看成都，你就会发现，咦，这是哪儿呀，不认识了！

和爱情共同成长的是城市越来越高的天际线，站在广厦之巅，俯瞰迷人的城市夜色，人们不会想到危险的存在。

周末，吴小宾抽空来看朋友的音乐会排练。在这位建筑设计师看来，音乐是乐器和谐震动的艺术，而他的工作面对的是不和谐震动带来的灾难——地震。

都江堰，世界水利工程史上的伟大奇迹，润泽着天府之国的万顷良田。两千多年来，都江堰历经大大小小数千次地震，至今固若金汤。这里，也是吴小宾思路的源泉。

四川都江堰

吴小宾（西南建筑设计院结构工程师）：我们传统的木结构它都是榫卯，它可以变形，不会垮塌，地震的时候它消耗了地震能量。

吴小宾正在参与设计一座高达 488 米的超高层楼宇，他的任务就是给出抗震方案。地震的本质是能量的传导，吴小宾的减震结构设计，试图通过榫卯结构以力卸力的原理，消耗地震能量、阻止能量传导，以此维护建筑结构的安全。而这其中不可或缺的组件是阻尼器，它相当于给建筑添加了一根保险丝。

管庆松，正是设计建筑减震阻尼器的专家。

阻尼器：建筑的保险丝

> 管庆松（震安科技工程师）：当地震发生的时候，上部结构房屋会来回摇摆、有这种弯曲，这样的话，它通过阻尼器的振荡来回往复地运动，就产生了一个耗能，可以消减地震能量。

北京大兴国际机场，将在2025年满足旅客吞吐量7200万人次，起降62万架次飞机的需求。创新抗震设计方案极富挑战。

> 管庆松（震安科技工程师）：它如果采用传统的抗震设计，中间的柱子可能会比较密，直径会比较大。另外整个的用钢量，包括这个混凝土的用量也是非常多，整个的功能可能还很难保障。

北京大兴国际机场

　　地面下的大兴机场，铺设了多条城市轨道交通线路。如何减小高速列车运行时产生的震动，让机场内的旅客更为舒适，也是建筑师们必须考虑的问题。相对完美的方案是将整个航站楼悬浮在地基之上，管庆松采用隔震技术实现了这个看似大胆的想法。

　　管庆松（震安科技工程师）：隔震主要就是在基础与上部结构之间，有一个柔软的隔震层，通常是由橡胶制作，可以把地震发生以后的能量大部分消减掉，所以传到上部结构的能量就已经减弱了很多。

减震结构设计保障建筑机构安全

　　1376套隔震组件形成一个庞大的隔震层，可以抵消80%的地下震动，加上分布在主体结构上的阻尼器，使大兴机场动若风发而又静若处子。

　　创新思维、创新科技，不断催生出让人赞叹的作品。

　　总是有那么一群人，在各自的岗位上守护着这座城市的安全。阖家团圆的除夕之夜，北京朝阳区消防中队官兵闻讯而动，以最快的速度赶赴现场，因为他们面对的是火警。

> 张伟男（北京朝阳区消防中队副站长）：我从 2008 年入伍一直到现在，已经有十个年头没有回家过年了。选择了这个行业吧，就注定要面对这些。

张伟男所在的消防站，守护着中国超高层建筑最密集的地区之一，北京中央商务区。

> 张伟男（北京朝阳区消防中队副站长）：这个辖区的主要特点就是中央商务区这些高层以及超高层的楼宇比较多。高层楼宇最困难的一点，就是灭火器材的输送，也会造成我们队员体力消耗比较大。

超高层建筑是指层高 40 层以上、高度 100 米以上的建筑，而目前消防云梯车的极限高度只有 101 米。

张伟男和他的战友们随时做好准备，以最快的时间负重登高，完成高强度的灭火作业任务。好在经中队核实，电线冒烟，现场无过火无损人。

这些逆行者被视作英雄，但他们也是父母的儿子、妻子的丈夫、子女的父亲，谁来守护他们的安全？让这些无畏的逆行者离火远一点儿，就是科技工作者们的努力方向。

> 张伟男（北京朝阳区消防中队副站长）：咱们这辆车全名叫"投弹式高层建筑干粉消防车"，主要是用于扑救咱们城市内高层以及超高层建筑的火灾。它主要利用这个

投弹式高层建筑
干粉消防车

激光、可见光和红外线三光合一的瞄准技术，利用投弹将
灭火剂投到着火层的房间内，大大地缩短了我们对初级火
灾扑救的时间。

投弹式高层建筑干粉消防车，最高射程可达 600 米，这是当今
中国高层楼宇的极限高度。

如何突破极限，让智能消防装备更加安全，是一项亟须解决的
新挑战。

距离北京 100 千米的河北易县，工程师杨兴光正在指挥一场高
技术武器装备的"战斗"。

杨兴光（中国航天科工二院工程师）：高层楼宇消防
现在是个世界性难题，所以我们就提出来了高层楼宇无人
机智能灭火系统，经过这三年半左右的研制，现在我们已
经进行了八次综合实验。虽然最后所有的消防灭火都是靠
人力去解决，但是希望前期，希望危险的时候，咱们消防
员可以离得远一点儿。

智慧消防全新时
代的大门即将开
启

杨兴光潜心研发多年打造的"神器"，将会改变中国 17 万消防员的命运。

消防无人机拥有厘米级定位精度，可以在任何环境条件下实现灭火弹的瞄准与发射。也许，这一枚枚灭火弹即将打开智慧消防全新时代的大门。

消防无人机

安全是每个人的期盼，平安是最真诚的祝福。科技创造着更安全的生活环境，科技也在保障着人们的安全。

前沿科技就是这样，在不知不觉中渗透到世界的各个角落，不断地提升着人们的幸福感。

当我们从百米高空穿越到城市的地平线以下，将会看到一个完全陌生的地下世界，而这里汇聚着一座城市的动脉血管。

珠海横琴，是中国最年轻的自贸区。十年前，这里只是一个仅有两千岛民、蚝田遍布的孤岛渔村。

作为岛上最富有经验的水手，苏绍棠常年游走在这条河上，在他的记忆里，横琴的巨变是一道具有魔幻色彩的风景。

　　苏绍棠（横琴渔民）：原来还没开发，这里全部是海，以前自己划船，没有机器，出海的时候危险很多。现在很久没有出海，就没那么危险了。

　　曾经安静的蚝田，如今已经变成一座快乐的海洋乐园。黄智聪，是土生土长的横琴人。现在，他在这个乐园里为孩子们创造快乐。

长隆海洋王国最受小朋友欢迎的巡游

　　黄智聪（长隆海洋王国氛围督导）：因为以前就是一个小岛，很多东西要从外面送进来，遇到刮风天，电力基本上都中断了。

　　十年时间，横琴岛发展成为一座与一河之隔的澳门比肩的繁华都市。黄智聪亲身经历了这场魔法般的巨变。

　　奥秘就埋藏在横琴地下。何健正是那位掌握密码的人。这条长达33.4千米的地下隧道贯通横琴岛，是整个横琴最核心的基础建设工程——城市地下综合管廊。

何健（中国二十冶广东公司总工程师）：这里就是我们横琴标准单仓式的一个管廊，通信管束、给水管道、真空垃圾管、中水管、冷凝水管、弱电系统。

传统的城市规划，各类管线分属于独立的系统。随着城市规模的扩大，地下管网交错纵横、野蛮生长。不仅影响市容形象，也不利于综合管理。城市地下综合管廊为城市升级提供了一个解决方案。

横琴地下综合管廊

何健（中国二十冶广东公司总工程师）：横琴总共是106平方公里，可以居住的空间大概是在28平方公里。提供民生的这种设施管线，我们统一纳到综合管廊里面，实际上这33.4千米的地下综合管廊，给横琴节约了大概40余公顷的土地。

对于土地资源极其宝贵的城市而言，地下管廊就像给城市预装了一块集成电路板，大大推进了城市建设的速度，也为城市资源的综合管理和未来建设奠定了精细化、智能化的基础。

家乡巨变，恍然若梦。没有今天的横琴，也许苏绍棠还是那个艳羡对岸繁华璀璨的渔民；也许黄智聪也已远走他乡去追逐梦想。

> 黄智聪（长隆海洋王国氛围督导）：之前我不敢说自己是横琴人的，说出去会给人说的，小岛出来的小岛民。现在我很自豪地说，我是横琴人。

横琴小渔村的巨变

社会的进步，奇迹就这样发生在每个人的生活中。每个人都是这个时代的参与者，也是这个时代的获益者。

200 多年前，人类发现了电，城市的夜晚率先被点亮了，继而点燃了社会进步的发动机。就像空气和水一样，人类从此离不开电。

当中国家庭步入家电时代以来，这些不断更新迭代的家庭成员，提升了人们的生活品质，让家变得方便、安全。无论身在哪里，都能时刻感受到家庭的快乐，但这一切的背后都需要更充足的电力供应。

智能化时代，生活方式的发展转型，提升了人们的个人用电需求。自 2000 年到 2019 年，20 年时间，中国城乡居民用电总量平均每年递增 8.9%，人均年用电量从 132 千瓦时上升到 732 千瓦时。

个人用电量的大幅提升，见证了中国社会前进的步伐。电能不仅维持着城市的正常运转，更成为每一个中国人跨越时代的桥梁。

中国人口的 70% 集中在东部，中国 15 座千万人口的城市中，

自2000年到2019年，二十年时间，中国城乡居民用电总量平均每年递增8.9%
人均年用电量从132千瓦时上升到732千瓦时

年份	数值
2019	732
2018	694
2017	628
2016	584
2015	530
2014	505
2013	500
2012	461
2011	418
2010	381
2009	344
2008	308
2007	274
2006	247
2005	217
2004	189
2003	174
2002	156
2001	145
2000	132

单位：千瓦时/人

2000—2019 年中国城乡居民人均年用电量明显递增

有 12 座位于东部地区，而相对丰富的电力资源集中在广阔的中国西部。电能资源不足与人口分布密集，造成中国东部城市电力短缺。西电东输，成为缓解这一难题的关键。

新疆昌吉，全世界等级最高的特高压直流输电线的起点。昌吉换流站相当于一条电力高速公路的入口，它的使命是将交流电转换成直流电。

新疆昌吉特高压输电线路

　　王鸿（国家电网新疆检修公司副总经理）：当线路达到一定长度之后，必须要抬高电压等级，这样才能减少损耗。交直流传输最大的区别就是，直流单条线传输的容量会更大一些，损耗会更小一些。

　　3300千米的输电线路跨越千山万水，从西部戈壁将丰富的电能资源持续不断地输往中东部地区，而整个过程不到一秒钟。

　　在换流站的主控室，智能化的监控系统实现了对这条漫长输电线路的实时感知，但这条跨越多种地貌和复杂气候带的电路仍需要贴身呵护。

　　杨凯是这条线路上的一名巡检员，雨雪寒暑、风餐露宿，常年跋涉在1100千伏的高压塔线下面是他们的工作常态。现在，杨凯有了一个新的工作伙伴。

　　杨凯（新疆送变电有限公司无人机巡检班技术员）：因为塔上有很多螺栓不是朝下穿的，人工是看不到的，所以有巡视死角，无人机就可以全方位地对它进行一个观测。我们一般会用一个36倍变焦的长焦镜头，线路不能靠得特别近，所以用长焦镜头能拍得特别清楚；再一个会用到红外热成像的镜头，观测线路有没有发热的迹象。

　　工作伙伴让杨凯的工作效率提升了15倍，一天时间就可以完成80个塔架的巡检任务。

　　这条1100千伏特高压输电线每年向中东部地区输送电力660亿千瓦时，可以满足4000万个家庭的年用电需求。同时，创造了节能减排的新纪录：减少燃煤运输3024万吨，减排烟尘2.4万吨、二氧化硫 14.9 万吨。

电能，已经成为社会发展的基础能源。远在新疆昌吉的杨凯从未到过上海，他希望有一天能来看看被称为魔都的"不夜城"。

各个时代的创新技术渗透到城市的每个角落。今天这个数字时代，人类拥有了前所未有的算力和算法，新一代的信息技术让城市变得更聪慧、更智能、更宜居，特别是当人们需要它的时候。

一片不大的店面却有一席难求的场面，钟老板用了 18 年的时间，把这家绍兴菜馆经营成了杭州城中的一家网红店。

2020 年新年伊始，突如其来的新冠疫情席卷全球，忙碌了 18 年的钟老板遭遇了史上最漫长的"假期"。

> 钟老板(杭州笑典黄餐厅老板):2 月没开店,3 月开店,生意都没有，心里煎熬，小本经营，小生意。正月里亲戚也不能走动了，很迷茫，不知道怎么办?

历经几个月的期盼，度日如年的煎熬终于过去，门庭若市的场面也终于归来。在钟老板看来，小小的健康码是这家店铺的护身符。

> 钟老板（杭州笑典黄餐厅老板）:客人安全了，我们也安全了;我们赚到钱了，我们这一家店也安全了。就是一路通，护身符嘛。

新冠疫情暴发后，线上防控系统在我国各级城乡第一时间上线，健康码成为全社会抗击疫情的一个重要手段。在世界抗疫形势依然严峻的今天，中国能够迅速、全面地恢复正常工作和生活，小小的健康码也发挥了它关键的作用。

> 屠友军（杭州城市大脑建设指挥部综合协调组副组长）：在健康码出现之前，还没有一款互联网公共服务产品，健康码开了先河。在公共服务和政府服务方面，现在我们都可以用这个码，作为载体和平台。

健康码成为防疫安全阀

突如其来的疫情，让人们更加清晰、深刻地认识到前沿科技在整个防控体系中的作用。城市变得越来越智能、有序，一个看不见的、却无处不在的"超人市长"正在服务一座座城市。

> 屠友军（杭州城市大脑建设指挥部综合协调组副组长）：城市大脑建设，不仅是技术层面的、多义务协同的数字系统建设，还是一项全方位、全时空、全领域的系统性的深化改革，更是一场有政府、企业和市民共同参与的，数字化的思想进化。

前沿科技改变城市生活

> 王坚（中国工程院院士）：其实城市应该是生活在这个城市的人，因为他们的活动慢慢地让城市长成这个样子，进化到今天。它的一个很重要的作用就是能够感受到生活在这个城市里的人，他们希望城市变成什么样，慢慢地也来调节，让这个城市像人们向往的那样。

对更加美好生活的永恒向往和不懈追求，一直是人类社会前进的驱动力。人类一直在运用智慧的大脑、创造着各种工具和手段，一点一点地让人们的工作和生活更方便、更安全、更幸福。

人类文明的集大成者——城市，也在这个过程中变得更富有人性、更富有科技感。前沿科技正在改变着人们的生活，一个真正智慧的时代，正舞动着科技的翅膀翩翩而来。

截至 2020 年 3 月，中国智慧城市累计试点数量为 749 个。

第四章

绿 生态

"绿　生态"
完整视频

莫斯卡，藏语的意思是"祥瑞平坦的地方"。

海拔 3900 米的四川甘孜藏族自治州莫斯卡村，有 96 户人家栖居在这里，他们用勤劳与善良虔诚地守护着这片圣洁的净土。

位于四川甘孜藏族自治州的莫斯卡自然保护区

大学毕业后，格绒罗迫回到家乡。在他眼里，无限缤纷的繁华世界，都不及雪山环抱的莫斯卡。

格绒罗迫（牧民）：我是我们村子第一个考出去的大学生，但是我还是选择回家，回来了。我觉得家乡的生活更适合我，简单、温暖。

天地万物和谐共生，是格绒罗迫从环境生态专业毕业后更加笃定的信念。回到家乡，他期待用更科学的方式护佑莫斯卡人一直崇尚的自然生态。

温馨宁静的传统村落，抑或是繁华喧嚣的现代城市，都是人们赖以生存的乐土，是人们渴望的绿色家园。傅伯杰院士，是一位在喧闹城市中创造绿色奇迹的人。他一直在探求的，是中国独有的生态智慧。

傅伯杰（中国科学院院士）：我们中国独特的生态观实际上就是一个天人合一的理念。生态文明不是一种原始的人与自然的和谐，它是建立在一个更高水平、更高等级上的人与自然的和谐。

天地正位，万物化育。今天，人类正运用前所未有的科技力量，把握开发资源与保护环境之间微妙的平衡，保持着人与自然的绿色之约，寻找我们生活的地球中最美的姿态。

9月，是大闸蟹收获的季节。这种生长在太湖的美味在丰盛着一场场中国人饕餮盛宴的同时，也丰富着中国人对绿色生态的体验。

薛金根养蟹已有30多年，2020年是他第一次捕获野生大闸蟹。

薛金根（太湖蟹农）：以前我们都是在太湖里面围网养蟹的，一家围一个网，往里面投食养蟹。2019年政府提出说要保护生态，就把围网全拆了。2020年开始，就没有太湖大闸蟹，是太湖生态蟹了。

传统的投食养蟹是把双刃剑，它在促进螃蟹增产增收的同时，也不可避免地导致水体营养过剩，为太湖水质污染埋下可怕的隐患。

蓝藻是地球上分布最原始、最广泛的藻类植物，在地球表面从无氧环境变为有氧环境的过程中，发挥过不可替代的作用。但当水体养分过剩时，会造成蓝藻的疯狂繁殖，并将水中的氧气消耗殆尽，从而导致日趋严重的水污染。

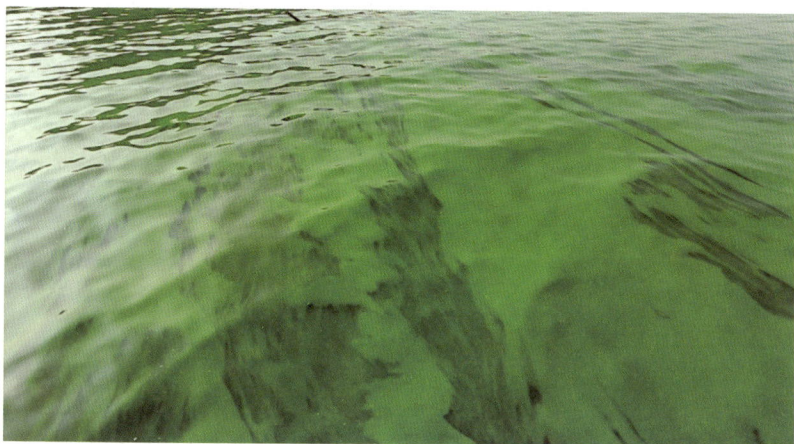

被蓝藻污染的水面

吴林坤在太湖上工作了近 30 年，每天在湖面工作超过 6 个小时，就是为了能够随时了解太湖水体的情况。

吴林坤（江苏省太湖渔业管理委员会办公室副主任）：
风向、水温，这个时候可能适宜蓝藻的生长、繁殖甚至爆发。恶水里边，不可能存有大闸蟹。

水面监测和打捞是控制蓝藻密度的重要手段之一，但太湖的面积将近 2500 平方千米。在如此广袤的水域之上，想要达到控制蓝藻的理想效果，实现无死角的监控，单靠人力几乎不可能。

陆续建立的无人值守观测站，正在延伸吴林坤的感知。根据实时的数据情况，水面打捞人员可以对蓝藻临界点位及时发现、精准处置。

无人值守监测站

如今，太湖已经建起了 13 套无线传输的无人值守观测系统，覆盖面积已经达到了北太湖的 1/3。

除了投食养蟹，工业污水的无序排放是导致蓝藻爆发的另一个重要原因。

张建云（长江保护与绿色发展研究院院长、中国工程院院士）：经济发展带来的污染，特别是中下游化工围江，岸线乱占滥用，效用很低。所以，在 2016 年，习近平总书记提出了长江大保护，强调不搞大开发共抓大保护。

如何在经济高质量发展的同时，遵循自然规律，保护和修复生态，成为一个亟待解决的时代课题。从小与水打交道的吴静博士，对水环境有一种天生的热爱。

运用更为精准的手段实现对污染源追根溯源，是清华大学环境学院研究员吴静正在攻克的难题。

吴静（清华大学博士）：你必须把源头找到，因为找到源头，才能从源头治理。实际上污染发生是非常隐蔽的，你要找到这是谁污染的，难度非常大。

太湖是中国最富庶的地区之一，2020 年最新数据显示，全国 GDP 领先的 10 个城市中，4 个分布在太湖流域。而滋养着锦绣江南的太湖，曾经在高速的经济发展过程中也面临着巨大的环保压力。

2020 年全国城市 GDP 排行

面对排放量大、污染源复杂的工业废水，吴静知道只有掌握工业企业的水源特征，才能在污染发生时找到对应的污染源头。

在水体采样的过程中，吴静和她的团队意识到，每一种污染源，都像人的指纹一样，具有独一无二的特征。这个重要的启示催生出了水质指纹溯源技术。

吴静（清华大学博士）：我到企业去采水样，扫出来指纹图，然后录进去。出来的结果就是，疑似的污染源是谁，相似度达到多少，里面的比对运算全都不用你来担心。

2017年，全世界第一台水污染预警溯源仪诞生。仅需13分钟，就可以分析出污染物的成分并就此锁定污染源的位置。

水污染预警溯源仪

水质指纹溯源技术，为实现对水体状态的精准化管理提供了科学依据。三年来，国家逐步建立起分类齐全、实用度极高的水质指纹数据库，把需要检测的水质指纹与数据库进行比对，即可在最短时间内锁定污染源，对水环境污染主体实施精准打击。

生态环境的良性循环，不仅需要科技的创新方法，更需要全社会生态理念的共同提升。保护好这一方水土，就是在传递世代的富足与希望。

张建云（长江保护与绿色发展研究院院长、中国工程院院士）：水是我们的生命之源、生态之基。我们要把长江的水资源保护和环境生态的保护修复作为国家的战略去推进，我们希望所有的河流、所有的湖泊都是健康的，都是幸福的，都是能造福人民的。

江海一体，海纳百川。海洋是地球生命的起点，海洋更是人类世界的未来。在海洋中，蕴藏着丰富的资源，现在，海洋正成为人们耕海牧渔的"蓝色粮仓"。

冬季是海参肉质最肥美的时节，寒冬中，总有人为了人间美味不辞辛劳。此时的海水温度在4℃至6℃左右，捕捞员每天至少下水6次至8次，每人可以捕捞近100公斤海参。虽然辛苦，但是每位捕捞员都尽情地享受着大海沉甸甸的馈赠。

捕捞员捕捞海参

2011年，从没见过大海的黑龙江人张成德（人称"德子"）来到了辽宁长海县。第一次站在海边，德子有些不知所措。

> 张成德（渔民）：当时来了对大海也茫然，海面一望无际，啥也没有，荒荒凉凉的。所以当时根据当地的人介绍，需要往海里投入、改造，才能有收益。

人工养殖是海洋牧场的原始形态。正当德子准备大干一场时，大海却给了他一个意想不到的打击。

孙利元（山东省水生生物资源养护管理中心高级工程师）：2013 年，在山东半岛北部这些海洋牧场密集的区域出现了一次低氧事件，整个这一层水流的溶解氧为零，这层水流流经的地方所有的海洋生物都死掉了。这次事件也给我们敲响了警钟，海洋牧场的生态健康状况是我们必须关注的一个问题。

正是这场危机让人们认识到，海洋的馈赠也是有条件的。只有建设没有保护，只想得到没有精心的呵护，即使是"无私慷慨"的大海也不能永远做到，关键还在于人、在于人的态度。

海洋牧场的新概念，就是在保护与开发中建立起一种自然的、丰富的海洋生态平衡，一切从投礁开始。

孙利元（山东省水生生物资源养护管理中心高级工程师）：现在人工鱼礁我们研制出主打的是六种材质的、十多个设计的礁形，重点是从它的附着功能改善海洋海流的流态、流场。从这些方面考虑设计了鱼礁的礁形，可以增殖海参。

对大海和海洋牧场认识上的改变，使德子确立了他与大海的关系，大海成为德子尊重和敬畏的合作伙伴。

随着海洋牧场生态建设的持续推进。2019 年，中国第一个坐底式网箱智能化养殖平台"长鲸一号"诞生。它在实时采集环境数据的同时，实现了精准投喂饵料、自动清理网箱，让海洋牧场的运作变得可视、可测、可控。因为海洋智能化平台的建立，整个近海的海域环境也在逐步改善。而德子也迎来了一年一度的"蓝色丰收节"。

"长鲸一号"：中国第一个坐底式网箱智能化养殖平台

张成德（渔民）：原先的海底荒荒凉凉的，就跟丘陵和沙漠一样，没有东西，也没有植物和生物。从改造完海洋牧场之后，把它打造成海底，鱼也有家，海参也有家了。

科技为人与海构建起一个共同的家园。海洋牧场不仅仅带来了稳定的品质和收成，它还是一个生态调节的装置，改善着人与海的关系。

张成德（渔民）：我基本上不出岛了，现在已经变成一个当地的渔民了。每天出出海，看看海，捞点海鲜，回来直接就卖掉了，觉得哪儿都挺幸福的。

科技保障海洋成为丰饶的牧场

新的时代，海洋已成为丰饶的牧场、耕海者的乐园。唯有人类重拾对自然的敬畏，才能继续享有来自大海的启迪与滋养。

无论碧海还是蓝天，都是人类须臾不可或缺的自然资源。人类

雾霾锁城

每时每刻都需要新鲜的空气。空气的好坏直接影响着生活的质量。

2013年,"雾霾"成为年度热词。这年1月,4次雾霾过程笼罩了全国30个省市。

> 胡金南(北京大气中心主任):2013年1月,中国东部地区实际上是有超过了100万平方公里的污染过程。也是因为那次污染,我们国家发布《大气污染防治行动计划》。

蒋力是一位土生土长的兰州人,也是参加过40多场马拉松比赛的资深跑者。对那几次雾霾,他记忆犹新。

> 蒋力(兰州马拉松爱好者):参加马拉松比赛,肺是直接接触空气的,要是空气质量差的话,影响就很明显。兰州市以前空气质量差得很,跑得一擤鼻子都是黑渣子。
>
> 柴发合(中国环境科学研究院大气领域首席科学家):兰州市生态环境特别脆弱,它是两山夹一河这样的地形,原来它也是一个比较著名的工业城市。

2013 年，弥漫不散的雾霾一度让丝路名城兰州成了"卫星上看不见的城市"。2015 年，一场全民参与的兰州空气治理会战拉开了大幕。

> 柴发合（中国环境科学研究院大气领域首席科学家）：兰州市当时一共划分了 1482 个网格，采取了综合性的措施，就是纵向到底、横向到边的一个网格化的管理体系。

这是一场具有转型意义的变革，兰州市 1286 台锅炉改烧天然气，107 家大中型企业搬离城区。大到企业排放，小到家用煤炉，在立体管控体系下得到了有效的治理。

> 蒋力（兰州马拉松爱好者）：现在在兰州跑很舒服了，空气变好了。对于最受跑者欢迎的比赛，兰州马拉松应该是排到第四还是第三名。

这场"壮士断腕、刮骨疗毒"式的综合治理大会战，让一座城拨云见日，从"兰州黑"到"兰州蓝"，诠释了空气污染治理的中国智慧和中国方案。"让天更蓝"从此成为中国城乡空气治理的共同目标。

生活在北京的邹毅，喜欢用手机记录这座城市的日常变化。从 2013 年"雾霾"成为年度热词开始，他坚持每天清晨拍摄北京的天空。一张张图片，令人触目惊心。

> 邹毅（北京市民）：2013年，因为出于好奇心，我就把它拍下来了。拍了两个月，我把过去拍的这64天的照片放在一起的时候，一下让我震惊了，没想到刚刚过去两个月，天气是那样的糟糕。

生态兴则文明兴。面对严峻的城市雾霾，北京市从燃煤治理到机动车管控，一项项举措相继推出。烟囱林立曾经是城市实力的标签，而如今却成为污染治理面临的最大难题之一。

> 胡金南（北京大气中心主任）：工业行业其实治理难度还挺大的，钢铁行业，应该是京津冀周边地区工业里面可能排名非常靠前的一个污染源。

始建于1919年的首钢，是中国最早的钢铁企业之一。新中国成立以来，首钢快速崛起，一度成为北京市的支柱企业，为新中国的建设作出了历史性的贡献。

曾经钢铁企业较高的能耗导致大量污染物排放

2005 年，这座全重 800 万吨的钢铁企业决定整体搬迁。首钢搬迁既是企业可持续发展的内在需求，更是环境治理的外界需要。

2014 年，首钢分别落户河北曹妃甸和迁安。然而搬迁只是第一步，新的挑战随之而来。一块钢材从原材料到铸成需要 68 道工序，如何使每道工序中废气的排放量达到环保标准，实现全流程的超低排放，这是一道艰难的减法运算。

杨荣力（首钢迁钢环保技术部部长）：钢铁企业气体污染物的排放主要有两类，一类是有组织排放，一类是无组织排放。有组织的排放更容易控制。

首钢迁钢生产环境指挥中心实时监测污染物排放

钢铁生产过程中会产生很多肆意流窜的烟尘，它们无孔不入。如何控制和消除这部分无组织排放的废气，是所有钢铁厂减排的关键。

杨荣力（首钢迁钢环保技术部部长）：我们二炼钢大包转台这样的一个工序，就属于无组织的排放。在这个大包转台上增加了可移动式的集气装置。在正常生产的过程中，我们的装置移动到工作位，把对应点位产生的粉尘吸走，厂区的整体的环境都有了一个明显的提高。

为了实现有效管控，首钢迁钢将环保成本增加了40%，增设了无组织管控一体化系统。当有些工序污染物升高时，系统会自动调节除尘器的阀门开度和风量，将对应点位产生的污染颗粒物降下来。

自动除尘器

首钢迁钢实现全流程低排放

照片记录下北京
天空回归蔚蓝的
一个个瞬间

实现全流程的超低排放，让首钢迁钢厂区内细颗粒物指数比厂区外低 10%。搬迁后的首钢不仅摸索出一条绿色发展的创新之路，还高度契合了京津冀协同发展的大势，而这一切的付出，都是为了头顶的这片蓝天。

坚持记录的邹毅，把 6 年间拍摄的累计 200 多万张照片拼接起来，俨然一幅城市生态长卷，记录着北京天空回归蔚蓝的一个个瞬间。

邹毅（北京市民）：中国尊是北京最高的建筑物，高达 530 米。我拍的时候，这个楼还没有建成，我就一天天拍。雾霾严重的时候，我拍不着它。当然现在尤其是 2019 年，几乎天天都可以拍到很清晰的中国尊。

据生态环境部最新数据显示，2020 年前 8 个月，全国 337 个城市空气中细颗粒物的含量，同比上年下降了 11.4%。这些数据背后，蕴含着中国环保科技的持续进步与环保意识的普遍增强，而这正是赢得最终胜利的定海神针。

当沙尘暴肆虐到千里之外的城市乡村时，人们将目光投向那片广阔的荒漠戈壁。沙漠，是生命的禁区。在这个星球上，陆地面积的 1/3 被沙漠占据。

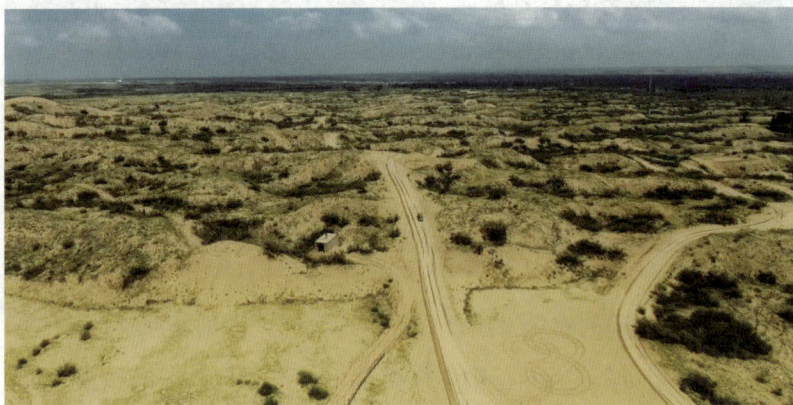

内蒙古库布齐沙漠

> 孟克达来（牧民）：在沙漠行驶，最难的就是出路。一刮风能见度就低，回家或者往出走都容易迷路。

牧民孟克达来的家位于内蒙古库布齐沙漠西北边缘。20 年前，正在上海打工的孟克达来为了照顾年迈的父亲，不得不返回家乡。

> 孟克达来（牧民）：选择回来，第一个就是因为父亲，父亲舍不得这个我爷爷那一代待的草原。但是沙漠很让人厌倦，沙漠经常占领我们的草场。

被沙漠吞噬的草原，是孟克达来再也回不去的故乡。沙进人退的现实令他心碎不已，但又无可抗拒。直到有一天，孟克达来决定用种树来捍卫自己的家园。

20 年的时间，孟克达来一家是这片沙漠中孤独的斗士。在植树固沙的战斗中，他们最缺少的是时间。

> 孟克达来（牧民）：关键是一开始种树成活不了，只有 30% 活了下来，其他的都死了，觉得时间太长。

孟克达来时常祈祷时间暂停。而在远离沙漠的中国福建，有一个人帮他按下了时间的暂停键。

林占熺是福建农林大学农作物研究专家，27 年前，一次偶然的调研，林占熺目睹了西部黄河流域变成沙漠悬河的现实。如何依靠生物科技改变黄河流域生态环境，成为他孜孜不倦的追求。

> 林占熺（国家菌草工程技术研究中心首席科学家）：因为我们国家单单这个草种就有三万多种，人工栽培的草种也有几千种，到底哪一些合适呢？这是我们当时碰到的最困难的事，因为没有资料，只好一步一步地做实验。

27 年间，林占熺经历了一次次的失败，攻克了一个个技术难题，终于培育出一种既能在沙漠环境下存活，又能快速锁住黄沙的草本植物——菌草。然而，当林占熺将这种菌草移种到沙漠时，却没有活过第一个冬天。

> 林占熺（国家菌草工程技术研究中心首席科学家）：我们中国有一个传统的思路，就是依靠自然的力量来改造自然，靠自然的条件来改善自然。
> 我们当时想，在福建能多年生，是不是在北方黄河流

域也可以试种一下。结果后来死掉了，失败了。当时就在想，明明多年生，为什么到那儿不行呢？

与林占熺一同见证这个残酷现实的，还有黄河岸边的护林员杨革命。磴口，位于河套平原发端处，曾是黄河东西交通的重要渡口，杨革命一家是这里仅存的一户留守者。杨革命的父亲曾经自告奋勇来到磴口守护黄河两岸的树林，一守就是 37 年。如今，面对一片片老死的树林和不断侵袭的沙漠，杨革命不知道自己还能坚持多久。

杨革命（村民）：沙子每年往前移个三四米。大风一刮，沙子扬起来啥都看不见。漫漫黄沙就往黄河里面灌，再过几年说不定就到河边了。

沙漠中的坚守者无法预知的未来，让林占熺思索着破解困局的方法。黄河上游地区昼夜温差大，是导致第一代菌草失败的根本原因。要想使一株植物承受零下 20℃ 的低温，林占熺必须改良菌草育种技术。2018 年，林占熺培植出了新一代的菌草——"绿洲三号"。

林占熺改良菌草育种技术

　　林占熺（国家菌草工程技术研究中心首席科学家）：
失败以后，我们就反复考虑，应该根据黄河流域干旱半干
旱地区的气候特点，用新的育种的指标和方法。

　　"绿洲三号"在零下 20 多度能够多年生，每个节都可
以发芽，即便沙盖过来，上面还能够发芽。

　　沙丘移动的动力来自风，风主要在距地表 10 厘米内搬运沙粒，
超出这个高度，输沙很少。相比树木 2 年到 5 年方可完成的固沙效
果，菌草只需要不到 100 天的时间。

扎下根的"绿洲
三号"

　　"绿洲三号"在黄河两岸的乌兰布和沙漠中扎下了根，不仅像
一道绿色的锁链遏制住了沙丘的移动，也让抗沙 37 年的杨革命一
家获得了额外的"收获"。

　　杨革命（村民）：对于科技我们也不太了解，光知道
反正种上以后能防沙固沙，对生态治理非常好，能保护我
家门口这片土地。种完了就把我门口的给了我。收割的草
也能拿回去喂喂羊、喂喂牛。让它们长膘，我还能出栏，
多卖一点肉，多卖点钱。

相对于杨革命家的这些收获，更重要的意义已经显现。2019年，中国种植的 60 余万亩菌草已经成为千里黄河生态安全的重要守护者。

而孟克达来的家乡也悄然发生着改变。

新科技创造绿进
沙退的中国奇迹

据最新数据显示，1.86 万平方千米的库布齐荒漠，已经有 1/3 变成了绿洲。2019 年，联合国公布的沙漠治理成绩单显示，全世界新增绿化面积的 1/4 来自中国。几代人对家园的坚守和新科技、新理念的应用推广，创造了从沙进人退到人进沙退，最终绿进沙退的中国奇迹。

位于天山南麓的库尔勒，是连接新疆南北重要的交通枢纽和物资集散地。但由于土地次生盐碱化，这里也是中国最大的盐碱区。

世界上约有 15 亿亩可耕种的盐碱地，中国则有 2 亿亩。这个幅员辽阔的国度，适宜耕作的土地比例并不协调。修复盐碱地，最有效的方式就是降低土壤中影响作物生长的多余盐分。

鞠正山（自然资源部国土整治中心研究员）：传统的明沟排盐技术非常低效粗放，棉花产量依旧比较低，排盐排水的效果非常差，地下水位可能是关键。

鞠正山一个月内五次来到新疆。作为土壤学博士，十几年来他一直频繁往返于北京与新疆之间，3000 千米的通勤距离只为潜心研究盐碱地的治理。土地的盐碱化导致作物减产，最终沦为不毛之地，这是鞠正山不愿看到的现实。

56 岁的尚玉果，一直生活在山东东营义和镇。

长久以来，地处黄河三角洲入海口的山东东营义和镇，因为海水倒灌土地盐碱化日趋严重，当地农民苦不堪言。

> 尚玉果（村民）：我们这一片地全是片碱，种的庄稼，这里有点苗，那里有点苗。费的心也不少，但是徒劳无功，收入寥寥无几。

盐碱地年年歉收，当地村民被迫外出务工。故土难离的尚玉果与立志改造盐碱地的鞠正山不期而遇，这位土壤学专家为他开出了一剂治理土地的良方。

> 鞠正山（自然资源部国土整治中心研究员）：这个暗管排盐原理是，暗管相当于一条一条的明沟铺到地下去，有点像城市的地下管网似的。它的排盐效率非常高，但是技术措施实际上也是非常复杂的。

山东义和镇曾经盐碱化严重

然而，尚玉果起初对暗管排盐技术表示怀疑。

尚玉果（村民）：我们村民很不同意，为啥？因为对这项技术不懂，老百姓就担心土地在他们开发的同时，毁坏良田；并且他们说还要耽误种一年地，老百姓更不同意了。

面对村民们的犹疑，鞠正山没有退缩，他坚信这项技术是破解困局的不二之选，自己的任务就是做到极致，让村民们看到科技的效果。

鞠正山（自然资源部国土整治中心研究员）：我们要求铺管的过程必须要走直线，保证它走直线的精度非常非常高。目前国外设备主要是以激光为主，但是激光容易丢失，走的过程中突然丢失了，那质量控制就出现大的问题了。所以我们把北斗用上了，就是双制导，这样就保证它的精度问题，一百米的误差在几厘米之内。

2020年7月，北斗三号全球卫星导航系统正式开通，这个由30颗卫星共同组成的高精度定位导航系统，可以为全球用户免费提供10米精度的定位服务。这个数字，对于中国各行各业都有着深远的影响，尤其是需要精耕细作的农业。

在鞠正山团队的努力和政府的大力补贴下，暗管改碱工程终于在新疆库尔勒和山东东营率先开始实施。仅仅一年的时间，取得的成效令整个义和镇为之沸腾。

尚玉果（村民）：渗碱管工程彻底改变了这个土地面貌，现在土地不是一般的好了。原先亩产在七八百斤，现在达到一千三百斤左右，每亩增加一千四五百元钱的收入。

以义和镇盐土改良成果为参照，如果将中国2亿亩的盐碱化耕地进行科学改良，每亩耕地平均增产100斤粮食，这可以解决4000万人口一年的粮食供应。

义和镇盐土改良成效显著

中国人与土地的情感深厚而久远，人们感恩土地的馈赠，尽享大地的丰收。现代化农业运用科技的力量，维护着人类赖以生存的土地，让人类在丰饶中收获幸福。

科技力量激发现代农业高质量发展

森林是地球之肺，是地球生态不可或缺的组成部分，也是一个国家最为宝贵的自然资源。保护森林、保护环境已经成为当今人类的共识。

张英善是中国黑龙江伊春林场一名普通工人，整个社会生态环保观念的转变，戏剧性地体现在了他的身上。

张英善（林业工人）：我父亲是伊春林业的第一代伐木工人。我是1975年参加工作的，当时也是以伐木为主。红松、银杉、落叶松……先期反正这些树种都采，红松都是五百多年、上千年的。

伊春在半个多世纪里，为新中国建设贡献了国有林区近 1/5 的木材，大面积伐木是很多人对昔日"林都"的印象。

伊春林场曾被过度采伐

张英善（林业工人）：当时把所有的优品红松都采了不少，最后留下的就是一般的，比如阔叶等，都是一般的树种。我说要这么继续下去，总有一天要跟不上的，小兴安岭红松故乡就成了红松故事了。

过度的采伐终于在 20 世纪 80 年代使得伊春陷入困境，资源危机、经济危机，痛苦的转型慢慢开始了。张英善也在痛苦和迷惘中完成了他人生角色的最大改变——从砍树到种树的转变。

近 30 年的时间，张英善在 4500 亩土地上亲手种下了 100 多万棵树，见证了一个时代的变迁。

今天的伊春是中国北方最重要的生态安全屏障，新增森林面积 880 多万亩，森林蓄积量年均净增 1000 万立方米以上，成为天然的氧吧天堂。

绿水青山就是金山银山。从伐树到种树，从开发到保护，生态观念的根本性转变，在一代人身上完美呈现，建设美丽中国成为全体中国人最美好的愿景。

今日伊春成为中国北方最重要的生态安全屏障

从 2017 年开始，中国启动了国家公园体制。在不到三年的时间里，90% 的陆地生态系统类型和 85% 的重点野生动物种群得到了有效保护。仅青海湖地区鸟类种数就从 189 种增加到了 223 种。

人类文明的力量曾经左右了自然的平衡。现在，人们要做的是重拾对自然的敬畏，尊重所有生命共同的家园。

从伐树到种树：生态观念的根本性转变

> 傅伯杰（中国科学院院士）：人与自然的关系应该是一幅美丽的画卷，包括自然的森林、草地和湿地，这些自然生态系统同时也是动物的栖息地。人与自然和谐共生，这是中国对世界可持续发展的贡献。

万物并育而不相害，道并行而不相悖。万物和谐，是中国人对生物多样共存的诗意表达。唯有领悟了生态的意义，才能构建起真正的生态文明。自然、生态、人与万物，命运与共，而时间会见证一切。这里，是一个生机盎然的大美中国。

截至 2020 年 3 月，中国建立各类自然保护地 11029 处。

第五章

深
赋
能

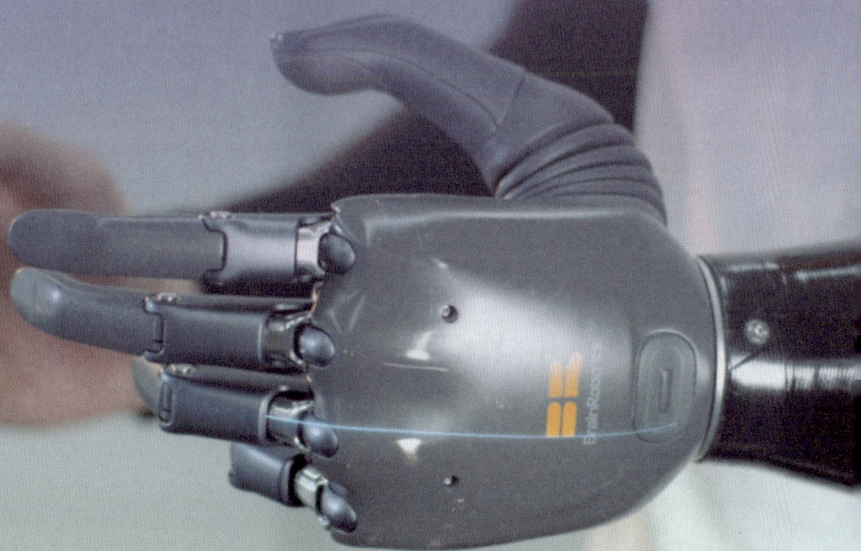

"深 赋能"
完整视频

这是一场脑洞大开的实验。

邱志杰是中央美院实验艺术学院院长。今天，他正试图让人工智能捕捉自己在书法创作时的情绪。

正在做脑电波实验的邱志杰

情绪是高等动物的特有属性，艺术创造，更是人类极致的精神活动，让看似冰冷的人工智能模仿情绪，无异于是人类在用科技进行自我探索。

邱志杰（中央美术学院、实验艺术学院院长）：我们想做的事、最难的事就是判断，一个 AI 能不能像人类书法家这样，每写一个字的时候都有变化，主要驱动这个变化的应该是情绪因素。

人工智能专家将通过采集邱志杰的情绪数据，开发人工智能思维导图。

人工智能是我们最熟悉的"陌生人"。它的英文简写为 AI，是计算机科学的一个交叉学科。它是通过了解智能的实质，并产生出一种新的、能以人类智能相似的方式做出反应的智能机器。人工智能的应用，是人类在为自身赋予更强大的能量和想象空间。

AI 进行书法创作

洪波（清华大学生物医学工程系研究院、清华大学人工智能研究院副院长）：看得见图像，听得到声音，这些所谓的大脑感知的规律，都已经慢慢被揭示出来了。

作为一种极其复杂的科学技术体系，如果人工智能的情绪模仿尚是象牙塔里的一种探索，那么今天百花齐放的人工智能应用，已经在我们的生活中生动地存在着。

中国人正在享受着人工智能赋能带来的美好生活。

"大数据""算法""算力"是当下人工智能的创新关键词。

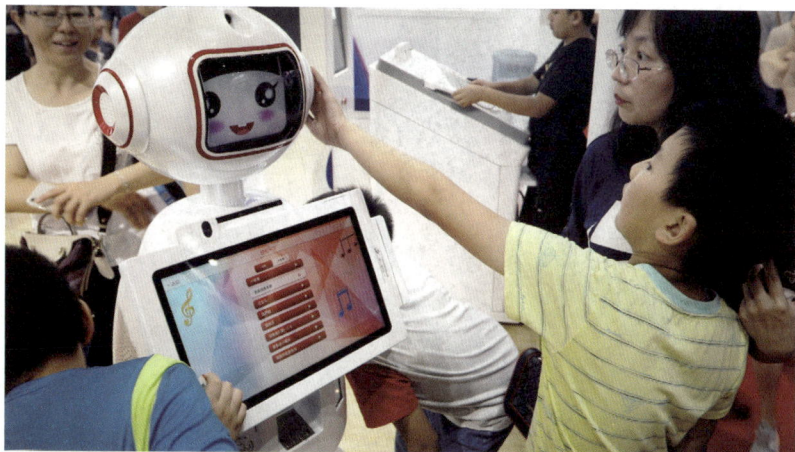

人工智能在生活中被广泛应用

它正在借助中国科技的升级，全面感知、深度学习、不断超越，一个被人工智能深度赋能的时代已经启动。

2020 年，是上海女孩陈思颖失明之后的第 12 个年头。与先天的盲人不同，她是一个体验过光明的人，她对曾经眼里五彩斑斓的世界，热爱，一如既往。

> 陈思颖：我想要用自己的方式去看世界，山有多高，天空有多美……我觉得一定要自己去尝试一下。

2020 年的元旦，陈思颖走出了上海的家，踏上了去往日本的旅途，她第一次要靠自己迈出国门。

这次旅行，陈思颖的眼睛不再是家人，更不只是盲杖，一个神奇的新伙伴让她不再畏惧出行。

视障触屏技术，通过手机屏幕的智能感知，接收到手指的触摸，同步用语音播报给陈思颖，从而引导她准确地使用各种智能软件。

而陈思颖利用这些聪明的软件，精心设计了丰富的旅行任务，

123

陈思颖利用视障触屏技术软件快乐出国旅行

她期待能够证明自己，可以尽情地拥抱世界。

第一天，旅游软件为陈思颖提前预订酒店，高效快捷。支付软件，让她在品尝日本美食后，没有障碍、轻松买单。

第二天，陈思颖来到京都，查找热门景点，视障触屏技术帮助她说走就走。在梦幻的水族馆，她通过朋友圈实时互动，视障触屏技术帮助她分享美好瞬间，也传递着前所未有的喜悦心情。

第三天，陈思颖在京都穿上了和服，体验起了异域风情。翻译软件则帮助她与异国的新朋友谈笑风生。

陈思颖通过翻译软件与车夫快乐交流

陈思颖在微博中
分享旅游的乐趣

视障触屏作为一种智能交互的技术，帮助陈思颖娴熟地使用着琳琅满目的国产手机软件，手把手地帮助她拥抱世界。

> 陈思颖：其实盲人也是有很多事情可以做到的。最重要的是有勇气去尝试，并且有自信地了解一些新的概念。比如说旅游，可以用这样的方式去打破鸿沟，用数字技术和数字生活让我看到更多、更广的世界。

走出家门，打开心门，每个女孩子心里，都住着一个以梦为马、诗酒年华的浪漫心愿。如今，陈思颖心里绽放的，也许是无数缕阳光，也许是一个绚丽的新世界。

陈思颖利用智能
软件如同常人般
快乐旅行

截至 2020 年第一季度，中国累计销售了 1 亿部 5G 手机，而有 359 万款软件，中国人的下载量更是达到了 1.1 万亿次。中国，正在努力实现 5G 全覆盖。5G 时代的到来，将帮助智能设备完成更多、更复杂的交互应用，将为人工智能的提速发展提供基础保障。

科技变革，技术创新，在中国这个大家庭里，温暖着 6000 多万失能人群，新的时代让他们可以和其他十几亿同胞一样，走在人

生路上，更从容、更美好。

两年来，古月一直在寻找失去的自己。

大学刚毕业的他，因为一次意外事故，导致左小臂全部截肢。原本踌躇满志的人生新旅程，戛然而止。

> 段碧蓝（古月的母亲）：对孩子特别内疚，特别心疼。当时那个手，没让我看，他也知道，不能让我看。看过后，可能当时也要导致我休克，因为我之前休克过一次。

快乐从这个原本正青春阳光的大男孩脸上消失了。他站在人生的十字路口，凌乱而迷惘。

> 古月：在家里就不爱出门，除了吃饭，睡觉，就是玩手机。
>
> 当有我认识的人看到的时候，总是心里比较膈应。我会很敏感，基本上不太爱交流。

失能人群是全世界最关切的群体，对中国 2400 余万肢体残疾人而言，肌体失能是切肤之痛，而心理的失衡，则是挥之不去的阴霾。他们渴望寻回完整的自己、回到曾经的生活。

为了帮助"古月们"找到激活人生能量的重启键，科学家们从未停止探索。

人类大脑和神经极其复杂，它操控着人体这套最精密的系统。新技术的升级催生人机接口的诞生，失能人群用意识驱动机械肢体的梦想，使幻想成为可能。

黄琦做爸爸了。儿子的出生，让他体会到了收获人生礼物的喜悦。

蓬勃生长的孩子，更让他对生命有了全新的理解。

打通"脑机接口"是全球尖端科技的超级赛场，赢得一场胜利，是黄琦的人生理想。

> 黄琦（人工智能手臂研发工程师）：当时跟一个残疾朋友聊天的时候，提到他的第三种手，就是热泪盈眶的感觉，让我特别感动。我们发现这种手，可以大大地帮助残疾朋友的生活，改变他们的一些思维方式，或者生活方式。

经过三年的努力，黄琦利用脑电极产生的指令，成功实现了对机械手臂的控制，而打通信号控制系统，只是发明智能手臂的第一步。

黄琦团队利用脑电极的指令，成功实现对机器手臂的控制

任何一个人，只要把外置电极贴在肢体皮肤表面，当大脑产生动作意图时，皮肤下肌肉就会产生活动的电信号。电极采集的肌肉

活动信号，被智能决策模块瞬间识别为人体的具体运动意图，然后映射到机械手进行动作。这套极其复杂的人体信号与智能算法之间的同步运算，对黄琦而言，相当于创建了一套人机结合的神经控制系统。

由70多种、200多个高科技部件组成，人工智能强大算力参与神经控制系统，让仿生的手臂动作灵活、抓握精准。这支充满科幻感的手臂，就是黄琦团队的作品。此时，他们迫切需要的，是一个合适的体验者。

> 古月：就因为在家里憋久了，如果我在家里再继续这么待的话，就感觉人都快疯了。
>
> 后来黄琦老师就建议我，他说你要不要来深圳体验一下。我就说，那就当出来散心吧。然后我就出来了。

2000多公里的旅行，古月忐忑不安，他不知道等待他的将是希望还是失望。

> 黄琦：需要您戴上这个臂环，然后来控制这个手做一些动作。试着想象一下，控制您的左手的食指动一下。再回忆一下之前那个手的感觉。然后再握拳，效果很好。
>
> 古月：做完以后黄琦老师特别高兴，就是像发现新大陆一样，当时我也很高兴。我说，居然还真有这样的东西，这个东西是个好东西，很高科技，我想动哪个动哪个。

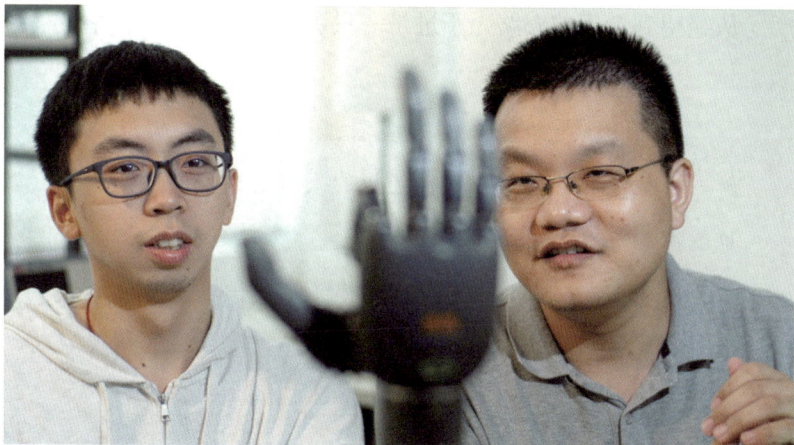

黄琦指导古月成
功控制机器手臂，
两人都露出欣喜
的笑容

炫酷的手臂，暗藏了诸多玄机，它除了具备人类手腕的仿生弧度，还在狭小的腔体内集成了位置、力量、姿态和加速度 4 类，共16 个传感器。这些传感器能够模拟人手的感知，使手臂不仅可以灵活操作，还可以精准控制抓握的力度。

这是古月两年来，第一次发自内心的笑容，他试了一遍又一遍，不忍放下。

黄琦用智能机械手，帮助古月按下了重启键。这是他的初心，但远不是终点。

智能机械手为古
月的生活按下重
启键

> 黄琦：甚至在将来的话，我们希望就是以这种残疾朋友为契机，迎接一种叫作半机器人时代的来临。因为人跟机器的共融共生，是未来人工智能发展的一个很关键的方面。他们与机器的融合，其实将是全人类都需要关注的一个点。

古月被注入了信心，而这种内心被点燃的感觉，让他希望可以分享给更多需要的人，他选择成为公司的一名产品体验师。

从绝望到希望的心路，不过是一只手臂的距离。

古月：就是给更多的人去看，让更多人能知道和了解。希望能够帮助像我这样经历的人解决这些问题，让他也能像我一样走出来。

段碧蓝（古月的母亲）：所以说他现在好像完全走出来了，我特别特别敬佩他们对儿子的帮助。现在高科技那么好，他们的发展能帮助好多好多人，我觉得挺好的。

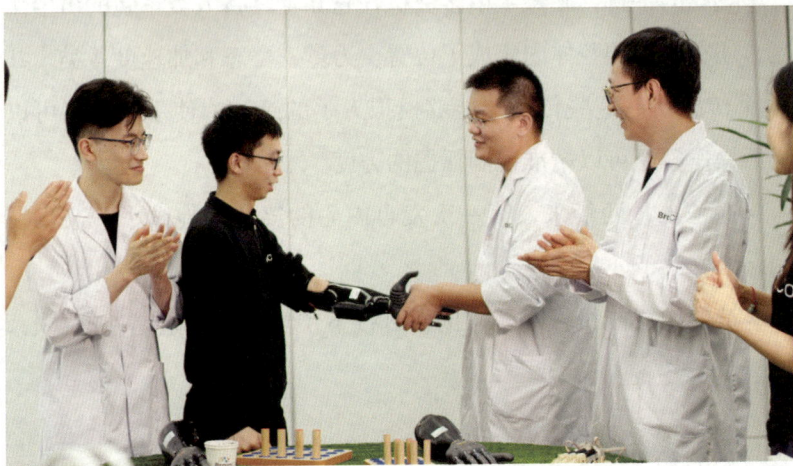

人手和机械手紧紧握在一起

科技融入生活，便不是冰冷的理论；人生彼此温暖，才有了云开见日。人工智能赋予人们的美好，正是雪中碳、锦上花。助弱者有力，是人类的情感本能；更是科学，让善良如虎添翼。

陕西华阴，自古就是"三秦要道、八省通衢"，是中原通往西北的咽喉。

9月，十多万亩的玉米即将成熟，它们正竭尽全力汲取营养，等待着即将到来的丰收时刻。但原本该满心欢喜的农民们，却一筹莫展。

> 农机站技术人员：草地贪夜蛾是僵尸型，碰到外来的它觉得对它有危害的东西的时候，就卷成了一块。已知的特征，就是头部有个倒 Y 字形的弯；尾巴后面有四个黑斑，这四个黑斑主要是成正比。

让农民们焦虑不安的，正是与人类长期争夺粮食的宿敌——草地贪夜蛾。绰号"行军虫"的它们，如同一支风卷残云的啃食部队，种群庞大、食量惊人、推进迅猛，它们刚从华南一路席卷进入陕西境内。

在抵达华阴县之前，草地贪夜蛾已经侵袭了将近 50 万亩玉米地。此时，一场人与害虫的粮食争夺战，已经进入白热化。

手工喷药已完全跟不上草地贪夜蛾每天 100 千米的扩散速度，一旦失控，今年玉米必将减产甚至绝收。

与此同时，远在广州的极飞总部，彭斌和龚槚钦带领的研发团

草地贪夜蛾特写

被草地贪夜蛾啃食过的玉米叶

队，正在加紧调试一款最新的"武器"——智能植保无人机P20，绰号"红隼"。一场阻击草地贪夜蛾的战役即将打响。

"红隼"无人机，飞行速度迅猛，时速达80千米/时，通过北斗卫星定位和智能控制系统可以灵活地部署作战方阵。

为了防止草地贪夜蛾扩散逃逸，无人机团队决定兵分两路，以受灾最严重的区域为中心，组成一个严丝合缝的包抄阵型，不分日夜在农田上空喷洒农药。

无人机出动阻击草地贪夜蛾

显然，这是一场没有悬念的歼灭战。经过7天7夜的阻击，无人机以数十倍于人工的速度精准喷杀，彻底控制住了草地贪夜蛾的扩张，十多万亩的玉米保住了。

一望无际的田野，又恢复了往日的美好与平静。

智能植保无人机，正出自这群自称为"追风者"的年轻人之手。

龚槚钦（智能无人机研发专家）：咱们在城市里面已经有非常多的智能化的工具，来帮助我们实现便利的生活和生产；而在农田里面，千百年来这些工具没有变过。

农业是人类的根本，卫星定位、人工智能、5G 通信……正在赋能这个古老的领域。彭斌他们希望人工智能可以真正帮助到辛苦耕耘的农民。

> 彭斌（智能无人机研发专家）：我们看到广袤的农田上，农户在用人工的方式给棉花打落叶剂的时候，就觉得这个太落后了。所以，当时我们从这个原点出发，去做了这个农业的无人机。

外形炫酷的植保无人机，在人工智能的帮助下，是聪明的多面手。

9 月的新疆，烈日当头，尉犁县120 万亩的棉花到了收获的季节。一颗颗成熟的棉桃藏在茂密的叶子里，即便是世界上最先进的采摘机也无从下手。喷洒落叶剂需要消耗大量的人工，作业辛苦、效率低下。

"红隼"大显身手的时候到了，但此时，它们必须先要获取一个重要情报。

> 彭斌（智能无人机研发专家）：首先，我们有一款设备叫作"极侠"。这款设备相当于无人机的眼睛。

植保侦察机"极侠"

"极侠"是彭斌团队最新研发的植保侦察机，最新算法的人工智能分析系统，让它成了"红隼"的亲密伙伴。

短短几分钟的时间，200亩的棉田经过"极侠"拍摄扫描，再通过人工智能的计算，一份喷洒落叶剂的战术地图便绘制完成。

经"极侠"拍摄扫描，由人工智能计算的喷洒落叶剂的展示地图

接收到地图的"红隼"，三架一组形成作战编队，开始了地毯式的精细喷洒。

此时远在太空的北斗卫星定位系统，实时引导着"红隼"的喷洒轨迹，确保误差不超过一米。

龚槚钦（智能无人机研发专家）：比如说我们现在用无人机去检测病虫害，帮助农民提前去作出一些判断。所以经过五年的时间，我们研发包括应用，可以看到，现在在使用无人机的区域里，至少农药的使用可以降低30%左右。

这是极飞团队第三年来到新疆，植保无人机已经成为棉农们每年都翘首以盼的好帮手。

截至 2020 年 8 月，在中国，智能植保无人机已经服务了超过 872 万农户，6 亿亩次农田。飞行的梦想，只是一个全新时代的起点，在不远的将来，中国的农田里，将有数以百万的智能系统和装备，帮助人类种植与收获，减轻千百年来农民耕耘的辛劳；而在这个充满想象力的赋能时代，更将为中国的农业生产和 14 亿多人的粮食安全保驾护航。

植保无人机成为棉农翘首以盼的好帮手

呼伦贝尔草原

北纬 47°的呼伦贝尔草原，是中国的黄金牧场。牛奶作为人类获取蛋白质的重要补充，在能量获取史上已经存在了 6000 多年。

其其格玛一早起来，把新挤出来的牛奶做成奶茶、把发酵过两天的牛奶做成奶豆腐，为孙子、孙女们的假期做准备。

草原的天气多变，牧区分散且遥远。

叶文慧每周都要奔波在实验室与不同的牧场之间，她急切想获取的是与初生婴儿息息相关的数据。

"生命早期 1000 天"被世界卫生组织定义为人类生长发育的"机遇窗口期"。母乳在婴儿出生的前 6 个月，几乎是孩子们所有的营养来源。

叶文慧（母婴营养研发科学家）：目前全球的母乳喂养率还基本达不到 40%，所以说还有很多的宝宝是喝不到妈妈的母乳的。那么我们去研究婴儿配方奶粉，就是为了保证喝不到妈妈母乳的这些宝宝，能够达到母乳喂养的效果。

牛乳、羊乳是配方奶粉和蛋白质的基础。婴幼儿配方奶粉的标准，在全世界都如药品般苛刻。在中国智能化的养牛场，人工智能已经接管了守护安全品质的第一道防线。精准、高效、细致，人工智能将为叶文慧的研究提供全方位的持续保障。

智能耳标是牛的穿戴设备，终生陪伴、知寒知暖。耳标的好搭档，是这扇智能识别门，每次的擦肩而过，奶牛们的体温、步数、作息等各种数据，都被耳标如实地传输到了大数据系统。人工智能系统的识别能力，让十几位饲养员，轻松掌握着 6800 头牛的详细状态。

实时在线的智能耳标和识别门

牛的健康直接关系到牛奶的安全与产量，精准配比的苜蓿饲料，是奶牛们的看家菜。

奶牛喜冷怕热，智能喷淋系统拿捏着分寸。每天午后，准时送来凉爽舒适的淋浴。

躲过高温，奶牛们惬意地在运动场上散步，偶尔还会交流一下彼此的感情。

实时在线的智能耳标与识别门再次握手，通过物联网，实时上传奶牛当天的产奶量，每一滴奶都被数字化系统监控管理。

智能化畜牧业产出的牛奶被称作数字牛奶，可以安全精准地与人类母乳取长补短。这是母乳配方奶粉从研究成为食品过程中最重要的原料。

叶文慧（母婴营养研发科学家）：我们从 2003 年开始到现在，获得的数据达到了千万级的，这么大量的数据去支持我们做婴幼儿配方奶粉的研发。我们希望，中国宝宝能够喝到符合中国婴幼儿生长发育所需要的这些配方奶粉。

污染是乳品安全的宿敌，为了万无一失，从运输到消毒、从加工再到灌装，都无缝衔接、严格监管。

牛场工作人员：我们要求牛奶从牧场的牛体挤出，到工厂必须小于 24 小时。先进的加工设备，有一些中控系统，包括我们的全自动的生产线，还有我们的机械手和码垛机器人等。这些设备利用以后，大大加快了我们牛奶的处理效率。

经过了将近 1000 项指标检测后，牛奶在这座智能工厂，悄悄

牛奶工厂的全自
动生产线

地隐身了。紧密相连的管道、敏锐的智能检测系统，严密监视着流动的牛乳。

2019 年中国的牛奶消费量达到了 1300 万吨，人工智能守护着食品的安全和品质。从叶文慧为孩子们准备的配方奶，到日常的牛奶、酸奶，都被源源不断地运往中国乃至世界各地，满足着人们的美好生活。

人工智能时代的一切智能，皆源于大数据、更优的算法和更强的算力，智能的算力引擎——处理器，正是强大的幕后英雄。它，如若不在，却又无处不在。

从自行车的王国，到世界第一的公共交通大国，中国只用了 40 多年的时间。2020 年，中国地铁总里程达到了 6000 千米，仅 2020 年 8 月，中国就有 17 亿人次乘坐地铁出行。

这个目前全球最迅捷的城市交通出行方式，正在中国极速扩展，而全年将近 200 亿的客流量，让出行效率的压力前所未有。

退休之后，58 岁的石俊芳享受着惬意的慢生活。

8 路公交车，承载了石俊芳 30 多年的回忆。退休前，她是天津市的明星乘务员，忙碌是她那时工作的关键词。

地铁站潮水般的
人流

石俊芳：1982 年我参加工作，那年我才 19 岁，来到公交 8 路车队。原先我们乘务员确实手忙脚乱，上了多少乘客，还得记着乘客从哪站上从哪站下，还得撕票，还得找钱，很麻烦很麻烦的。

如今，地铁在中国是快捷的代名词。随之而来的是超强密度的客流负荷。

下瓦房站是天津地铁的重要枢纽，每天平均客流量超过 20 万人。传统的人工站务员，已经不堪重负。

2019 年，智能闸机作为特殊的站务员，在下瓦房站正式上岗。它的效率武器，便是内部的核心部件——飞腾中央处理器，一颗地道的中国芯。

窦强（中国芯片研发科学家）：CPU 是我们各种的信息处理装置的核心，是否能够提供足够的性能，是否能够提供足够的安全性，对芯片提出了很高的要求。

下瓦房站的智能
闸机

窦强是中国芯片研发科学家，从 2005 年开始，他带领的团队，在指甲大小的硅片上，以百亿只晶体排兵布阵，建构了算力强大的微型大脑。而即将推出的新一代处理器，也将中国的芯片技术推向了一个新的速度。

识别、认证、扣款、开闸、合闸……全部动作在不超过 5 秒钟的时间内，一气呵成。飞腾中央处理器，在瞬间精确执行完成了数十个程序命令。

在 1 平方厘米、仅仅 10 克的核心里，飞腾中央处理器集成了 50 亿只晶体管。复杂且有序的运算矩阵，让它的处理速度达到了每秒 482 亿次，相当于中国第一代超级计算机银河一号速度的 482 倍，而银河一号重达两吨。

飞腾中央处理器的研发与应用，代表了中国在智能智造关键领域的新高度。在更强的计算能力之下，可以为每一个乘客节约出 1 分钟的时间。按照 2019 年天津地铁客流总量计算，将可以节约出 5 亿 3 千万分钟，相当于 986 年；而在中国的整体交通出行领域，被提升的时间效率，更将是天文数字。飞腾中央处理器正在为中国人的生活全速运算。

窦强（中国芯片研发科学家）：核心技术自主创新，总书记也说过，核心技术我们是买不来、换不来的，必须要自己进行研发。那么飞腾始终是坚持核心技术自主研发，我们已经积累了20年的芯片研发技术了。到目前，我们已经完全掌握了CPU芯片的研发技术和能力。

更多、更快、更强的处理器，将扎根在我们的日常生活、坚守在高负荷的场景中。也许，我们一生都难以见到芯片这个"幕后英雄"，但是它们却与我们的美好人生紧密相连。

汽车是大多数人日常能够驾驭的最大型装备，这个重要的伙伴用力量和速度，承载着我们前行的梦想和动力。汽车出行的安全与效率，是当今世界的难题，也是中国的挑战。

北京作为2100万人口的超级城市，接近纽约与东京人口的总和。

超过630万辆的机动车和庞大的出行人群，让高峰期的交通压力与日俱增。

为了让出行更安全高效，中国的科学家们正在大胆尝试，推动改变。

三个月前，郭思佳从深圳移居北京，开启了全新的职业生涯。

和其他中国的年轻白领一样，郭思佳可以自由选择热爱的工作，但也无法回避每天出行的压力。

郭思佳：平时因为工作性质的关系要经常外出开会，然后见合作伙伴客户。如果说是在路上有一丝耽误的话，就是比较严重的问题。

而郭思佳，也是中国第一批无人驾驶网约车的体验用户，一个被人工智能改变的出行生活开始了。

这是"小马"无人驾驶汽车，驾驭车辆对它而言，只是牛刀小试。

"小马"无人驾驶汽车

今天的路况有些拥堵，"小马"的智能驾驶系统，通过对实时路况大数据的分析，果断切换路线，绕开了事故路段。

在智能化的无人驾驶汽车背后，有一个年轻的"90后"研发团队，正在通过无线物联网，在后台监控和分析着"小马"的行驶数据。

李衡宇（自动驾驶汽车研发工程师）：我们有激光雷达、毫米波雷达以及摄像头，这个就像人类开车时候的眼睛。还有我们深度学习的算法，其实就相当于人的大脑。整体来说我们的自动驾驶系统，就是一个虚拟的机器来实现的驾驶员。

感知、记忆和计算是人工智能模仿人类驾驶的关键，中国庞大的交通体系和海量数据，是人工智能深度学习的丰富教材。

　　李衡宇（自动驾驶汽车研发工程师）：绝大部分的交通事故，都是由于不遵守交通规则、疲劳驾驶这些人为因素造成的。那么自动驾驶的出现，肯定会大幅地减少类似交通事故的发生。

　　人类驾驶员面对突发危险时，视觉信号进入大脑，平均需要0.5秒到2秒，才能作出判断。汽车在100公里时速下，2秒钟已经位移54米，后果难以想象。这是人类难以逾越的生理短板。

　　张立刚（自动驾驶汽车研发工程师）：这个行人是低着头走的，他看到我们的一瞬间是非常惊讶的，然后是往旁边跳的。但其实这时候我们整个车已经依靠"小马"处置系统刹停了。

　　李衡宇（自动驾驶汽车研发工程师）：所以实际上它感知的这个范围，是比人类的司机还要更加广的。我们的自动驾驶系统可以在0.1秒内就可以进行处置。在极端情况下或者是突发情况下，自动驾驶其实更加安全。

无人驾驶汽车高速感知，确定危险，处理路况

　　汽车最初只是被人类操控的机械，但人工智能系统的深度赋能，让它摇身成了车技娴熟、安全高效的多面手。

　　夏初，北京进入了雷雨季，这是测试工程师张立刚最兴奋和忙碌的时候，飞溅的雨雾是最自然、真实的考题。自动驾驶汽车的感知系统，如同人类的眼睛，雨、雾、水花都是眼前的障碍。因此，人工智能系统容易产生误判或者决策延迟。

　　安全，是人工驾驶与自动驾驶共同面对的问题。保证驾驶者与路面行人的安全，是人工智能不断强化学习的内容，也是在为正式

"小马"无人驾驶汽车雷雨季行驶测试

上路、服务中国的出行者做最后的准备。

> 李衡宇（自动驾驶汽车研发工程师）：自动驾驶，其实我认为有非常大的社会价值。我们的目标和愿景，是希望自动驾驶的技术能够改变我们的出行和交通运输这个行业，让它们更加有效率，更加的便捷。经过未来一段时间的发展，自动驾驶系统可以把人类从驾驶汽车的这种繁重的工作中解放出来，让我们的生活变得更加美好。

北京市海淀区是中国首批自动驾驶测试区域。一辆名叫"白犀牛"的小家伙，正在独自完成快递运输的工作。

与有驾驶员陪伴的"小马"无人驾驶汽车不同，"白犀牛"是一个完全自主驾驶的"独行侠"。

人工智能算法通过强大的自我学习能力，能够逐步强化车路协同的工作。中国已经部署的交通物联网，让"白犀牛"可以在不同路况下，从容地完成最后五公里的快递配送服务。

完全自主驾驶车
"白犀牛"

夏添（自动驾驶汽车研发工程师）：生活物资、快递、外卖都可以减轻人的劳动力的付出，而且更加安全、高效，并降低我们的成本。未来让我们的生活更加自动化。

北京的夜，安静而美好，郭思佳享受着忙碌后的惬意。而与此同时，不知疲倦的人工智能系统正在继续深度学习，努力帮助无人驾驶汽车快速进化。

2020 年 10 月 10 日开始，无人驾驶出租车已经在北京的测试路段启动运营。未来，人工智能将在更多城市服务中国人的交通生活，更智能、更安全高效的出行时代在中国已经拉开序幕。

马骁和银河团队爬山、寻找测试点

马骁（户外探险爱好者、摄影师）：这片山区信号遮挡特别严重。过一个山信号就没有了，突然有突然就没了。

这是探险爱好者马骁第三次带队来到这片大巴山区。

这次他要为卫星通信技术专家王鹏保驾护航。

高强度的工作和未知的困难，让这次行动成了名副其实的追"星"之旅。

2020 年 1 月 16 日 11 时 02 分，"中国首颗通信能力达到 24Gb 的低轨宽带通信卫星"被顺利送入太空，进入预定轨道，迈出了中国太空互联网的关键一步。

5G 通信具备前所未有的高速和低延迟，是人工智能数据传输、云计算得以瞬间完成的基础保障，也更让我们的星球愈发紧密。14 亿多人口的中国，已经是互联通信的超级大国，仅移动信号基站就达到 732 万个。

但是中国幅员辽阔、地理环境复杂多样，还有很多的地方，通信信号微弱，甚至是盲区。

受地理环境所限，有的地方通信信号微弱

银河首发星的成功入轨，是中国迈向卫星互联网的第一步。测试覆盖区域的信号质量，成为第一场实力大考。测试成绩将影响到未来更多卫星组网的布局。

马骁为王鹏挑选了一个卫星运行轨迹上极其偏远的位置——四

146

川省北川县桃龙乡。这里海拔最高3200米，山高林密的地形、风云变幻的天气，是测试首发星信号质量的绝佳考场。

由于地球的自转，作为一颗单星，银河航天首发星每天只有两次机会飞临北川的上空。这每次五分钟左右的测试窗口，稍纵即逝。

临近傍晚，测试团队终于赶到落脚点。主人余大姐一家，是马骁的老朋友。

经过再三勘查确认，余大姐家所在的经纬度和地形，符合测试需要的难度，王鹏开始做最后的准备。

马骁（户外探险爱好者、摄影师）：他家里还有一个小孙女叫小鱼儿，现在外面的信息接触的比较少，就是因为通信的问题。

小鱼儿和银河团队一起做测试准备工作

小鱼儿对队员们一直在讨论的卫星充满了好奇，王鹏他们也希望借这次机会，能让小鱼儿通过卫星网络体验外面的世界。

老朋友、新朋友在一个世外桃源般的地方，欢聚一堂，淳朴的乡情与最酷的科技，离得如此之近。

夜已深，王鹏依然难以入睡，卫星通信依托高精度、高可靠性的技术系统，需要多个关键模块环环相扣、共同发力。任何一个环节出现问题，都将无法实现连通。

> 王鹏（银河航天通信技术专家）：咱们现在部署在北川的这个终端设备，本身会集成一个 WiFi 的热点，然后当卫星过境的时候，咱们的这个天线会和卫星做一个互相的精准指向，同时卫星还会去连接咱们部署在成都大邑的一个星观站。这样的话卫星过境的时候，用户就可以通过自己的手机或者笔记本电脑连上 WiFi 热点，然后再通过卫星连接到我们的星观站，星观站那边会有一个到达互联网的出口，这样的话就实现了咱们从北川这里直接通过卫星接入互联网的整个过程。

第二天清晨，王鹏最担心的雨，还是下了起来。王鹏心里有些不安，他不想错过测试窗口的时间，也不想让小鱼儿的期待落空。

> 小鱼儿：卫星是什么？
>
> 王鹏（银河航天通信技术专家）：卫星啊，卫星就是在天上飞的星星。这样呢，咱们就能跟很远很远地方的人说话，还能看到他们的样子。

测试的窗口时间临近，大家投入紧张却又有条不紊的工作中。这次测试是否成功，将验证银河首发星的通信质量，每个人都拭目以待。

一切就绪，王鹏发起了视频通话请求。经过测试，首发星的信号强度、数据速度均达到了预期的要求。王鹏与研发中心接通视频

卫星天线开始追踪

王鹏和小鱼儿通过卫星信号与研发中心视频通话

通话，小鱼儿也通过视频了解了卫星上天的原理。这短短五分钟的高速宽带信号，如同一束连接世界的光，让这片曾经通信信号微弱的山区，被一点点地照亮。

徐鸣（太空互联网科学家）：对于太空互联网，它最大的价值是提供无所不在的连接。接下来的这个时代，我们称为物联网时代，万物互联，IOT 的整个时代。我说网络它像什么？它看上去是小小的电磁波，但是它对于整个地球来讲，代表的是地球的这样的一个数字时代，代表的是地球的这样的一个数字生命。

远在千里之外的卫星，将给这个大山深处人家的生活带来新的变化。

银河首发星如同一位探路者，掀开了中国卫星互联网的序幕。未来将有数千颗姊妹星和它一起组合成神奇的星座，中国每一个角落都将覆盖上超高速互联网的信号。

短短两天的相聚即将结束，王鹏他们又将启程奔赴下一个测试点。

临别时，银河团队向小鱼儿赠送卫星模型

银河首发星将给大山深处的生活带来新的变化

5G 通信、人工智能，帮助人们从太空连接起了整个世界。这枚神奇的种子，已经在小鱼儿的心里生根发芽，她将和所有的孩子一样，在这个高速发展的社会，同呼吸、共成长，被科技赋予能量的他们，将与更美好的生活、更广阔的未来，紧密地连接在一起。

人工智能赋能的时代，是更加自信的时代，也将是更美好的时代。

截至 2020 年，中国农业植保无人机市场规模超过 42 亿元，

截至 2020 年 11 月底，中国人工智能专利申请累计 66.77 万件。

第六章

创

未来

"创 未来"
完整视频

东澳岛，是伶仃洋里一座常住人口只有 400 多人的小岛。

这座小楼是岛上唯一的一家医院，3 名医生、3 名护士，常年守护着岛上居民和过往船员的健康。就在几个月前，这家医院刚刚成为全国首批 5G 智慧医院海岛基地。

蒋邦琨（东澳岛医院院长）：疼不疼，你放心，我们已经和珠海市人民医院的专家通过 5G 联系上，请他们看一下心电图。

东澳岛医院，即
珠海市人民医院
海岛分院

这位岛民病情危急，超出了东澳岛医院的救治能力。院长蒋邦琨不得不马上向远方请求支援。根据紧急预案，珠海市人民医院相关科室专家迅速就位。他们利用 5G 远程诊疗平台，实时会诊。

5G 时代的到来，给医疗领域带来一场空前的变革。这位岛民最终赢得了这场与时间赛跑的胜利。

5G 诊疗平台

今天，世界再次站在科技大爆发的节点，人工智能、5G、大数据应用等前沿科技，已经以前所未有的速度和力量，深入地走进我们的生活，深刻地改变着我们的生活。

郭光灿（中科院院士）：我们要掌握更强大的科学技术，为人民服务，为国家的强大服务。到了那个时候，我们整个社会的生产力就到了一个新的阶段。整个人类社会的所有方方面面的水平，都大大提高。

这些即将改变世界、塑造未来的前沿科技，承载了人类对未来美好生活的期盼。未来，已经不仅仅是想象，我们正在创造未来。

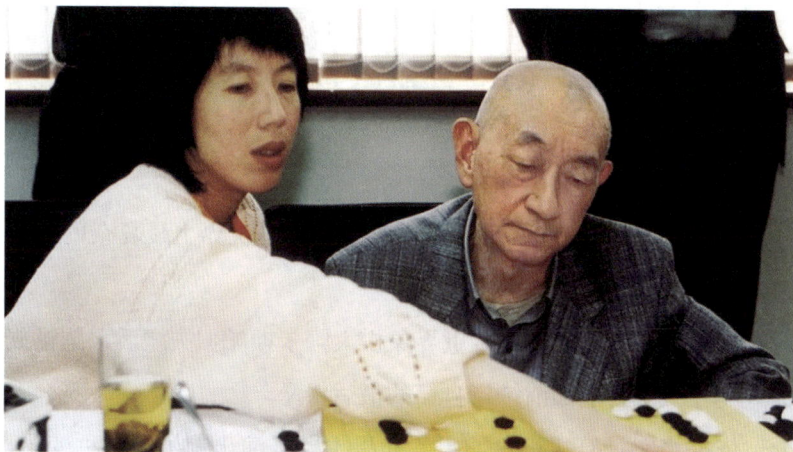

吴清源与芮乃伟

芮乃伟是世界上第一位九段女棋手，也是吴清源的关门女弟子。

吴清源是围棋界传奇般的存在，他曾创造了在十番棋擂台中，击败同时代所有超一流选手的战绩。

这天，芮乃伟和她的丈夫、九段棋手江铸久，专门拜访人工智能专家金涬博士，希望利用金涬博士研究开发的"星阵"围棋程序，复盘吴清源的棋局。

"星阵"是一款人工智能程序，它曾经四次赢得世界 AI 围棋大赛的冠军。

金涬（人工智能专家）：现在我们在围棋上产生的这种人工智能技术的突破，用的是一种深度学习的方法。从大量的棋谱中学习正确的走法，学习棋谱里面的内在规律。机器学习的模型非常复杂，给它足够多数量的棋谱，它的学习能力是非常强大和惊人的。

芮乃伟曾经非常排斥人工智能，李世石和阿尔法狗的那场比赛，让芮乃伟对自己一生钟爱的事业产生了怀疑。

芮乃伟（职业棋士）：我觉得我可能是棋手里面最难过的一个。李世石第一盘输的时候，我难过得要死要活的，就是不能接受。

围棋已经有 4000 多年的历史，被认为是世界上最复杂的棋类游戏。

在计算机"深蓝"战胜世界象棋大师卡斯帕罗夫之后，围棋成为人类在人工智能面前维持自信的最后堡垒。

依据当时计算机运算能力，如果想要推演出围棋的各种变化，科学家们估计需要将全世界的电脑组合到一起、运算一百万年才能完成。

显然，人类轻视了人工智能的学习能力和进化速度。仅仅 20 年后，人工智能就以这种几近残酷的、戏剧性的方式，宣告人类在围棋领域已经毫无胜算。

人工智能以这样一种极端的方式出场，显然并不仅仅是为了赢得比赛。科学家们的最终目的是把这些算法应用到社会更广阔的领域，为人类服务。

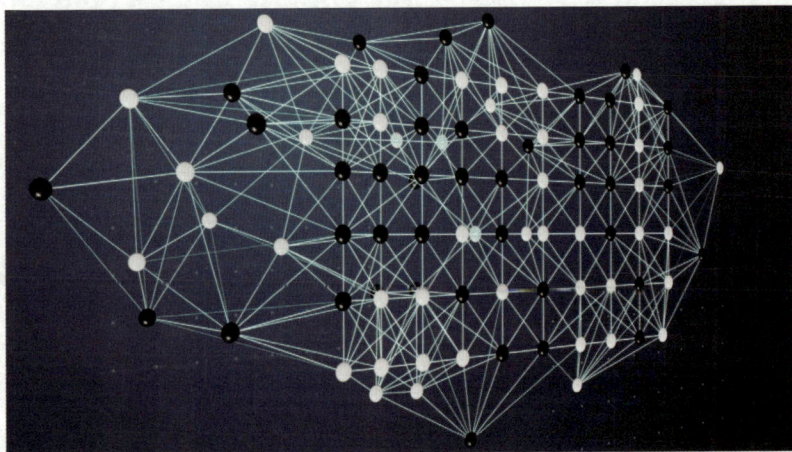

人工智能在围棋程序中的算法运用

芮乃伟（职业棋士）：我师傅下完那个布局，白棋领先十目。这个东西人肯定说不出来，"星阵"可以用具体的目数来告诉我们，可以拿胜率来告诉我们。

在最初的痛苦过去以后，我很庆幸生活在这个人工智能突然冒出来、把围棋破解的年代。我们还是很幸运的，能够知道更好的围棋应该下在哪里。

现在，从确定药物分子结构，到提高药物开发效率；从研究地震、海啸的预防，到人脸识别系统的开发应用，算法已经在当今社会的各个领域显示出巨大的能力。人们不再怀疑，未来，人工智能一定会像水和空气一样出现在我们生活的方方面面，并发展成为新一轮科技革命和产业变革的核心驱动力。

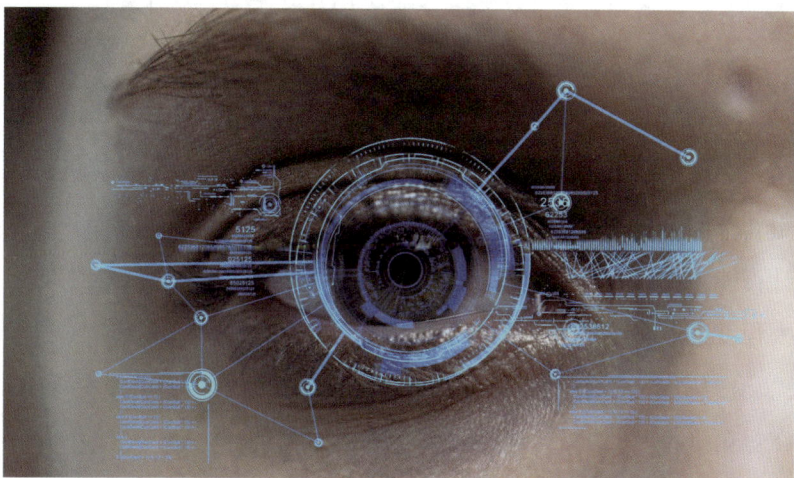

人工智能在人脸识别系统的开发应用

人工智能的实现基于两个关键点：一是要有高质量的数据，二是要有高速的处理系统。人工智能能够帮助人类实现对信息的感知、处理、决策及反馈，这一切都离不开超级计算机。

神威·太湖之光，是当前拥有全球最强算力的超级计算机之一。

超级计算机——
神威·太湖之光

刘钊（国家超级计算中心无锡应用支持部主管）：它为什么叫超级计算机，顾名思义，就是因为它的计算能力超级强劲，相当于几十万台家用电脑的计算能力。

在今天看来，超级计算机说到底还是属于"传统"计算机，它由 8 个网络机柜、40 个运算机柜、40960 块中央处理器组成。虽然计算能力超强，但是体积庞大、耗电量巨大，它运算能力的强弱很大程度上取决于硬件的堆叠。

由集成电路、晶体管和电子管等电子元器件组成的电子设备，在短短十年时间里，就将人类带入一个全新的时代。

随着人类社会的快速发展，基电子元件已经逐渐接近理论极限。想要获得更高的性能，人类急需找到新的解决方案。突破，迫在眉睫。就在这时，一个全新的名词出现在人们面前：量子霸权。

> 郭光灿（中科院院士）：量子霸权指的是量子计算机处理数据的速度，比任何经典计算机、电子计算机、超算中心……最快的速度还要快。如果能实现的话，量子计算机这种处理数据的能力就是天下无敌，没有任何工具可以和它相比。

年近八旬的郭光灿院士，是中科院量子信息重点实验室主任，也是国内最早从事量子领域研究的科学家。

量子，这个在当下被频繁提起、有些不明觉厉的新概念，其实，早已出现在我们的生活中。

> 郭光灿（中科院院士）：爱因斯坦得诺贝尔奖是用光量子理论来解释光电效应。用量子理论开拓出晶体管，最后发展成为我们现在的手机、电脑。利用光的量子论发明了激光，导致现在的互联网。所以我们现在的信息时代所用的这些工具、这些原理，都是来源于量子力学的。

当牛顿第一次将光分解时，人们才认识到原来阳光是彩色的。

当爱因斯坦写下 $E=mc^2$ 后，人们知道了时间也可以是相对的。同样，当我们用宏观世界的思维去理解原子级大小的微观世界时，一个至美的极具规律和秩序的微观世界呈现在人们的面前。没有什么能够阻挡人们对这个看似不可思议、无法企及的量子世界的探索。

> 曹刚（中国科技大学教授）：量子计算的计算单元是量子比特，经典的比特使用高低电平来表示它的 0 和 1，

量子比特也是编码 0 和 1，但量子比特可以处于 0 和 1 这样一个叠加态。

这种不确定性是量子世界的本质特征，正是这个特征让量子霸权成为可能。一切已经在路上，这些芯片就是研发团队实现量子计算机的基础和关键。

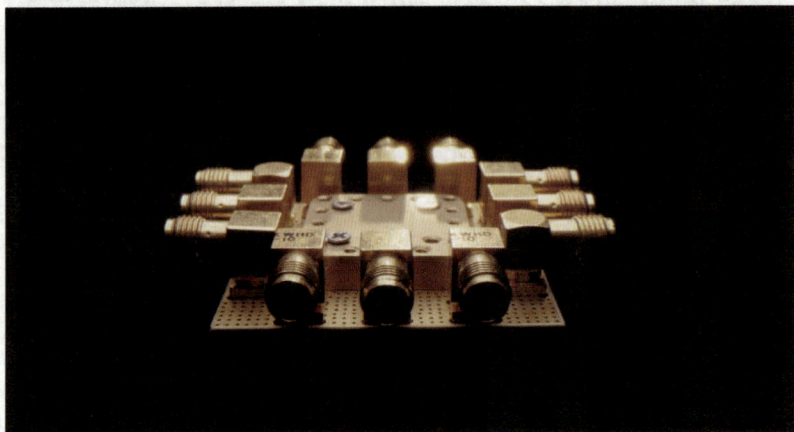

芯片：实现量子计算机的基础和关键

曹刚（中国科技大学教授）：这个芯片就是我们做量子计算的最小单元，我们用来编码比特。如果我们这个比特能够多的话，我们就可以实现更复杂的量子计算的过程。那么如果我们能实现一个大规模扩展的话，将来就有可能会实现一个通用的量子计算。

随着量子比特的增加，量子计算机的计算能力将会以指数级增长。专家指出，用超级计算机需要大约 1 万年来完成的计算，用一个有相当储存功能的量子计算机大概只需要 3 分钟。

郭光灿（中科院院士）：量子计算机处理数据的这种能力和电子计算机相比，相当于电子计算机和算盘的能力相比。我们人类的社会已经从算盘时代发展到现在的电子计算机时代，你看大家都感受到它的威力。我们现在已经到了离开电脑、离开手机不知道怎么生活了的时代，尤其年轻的一代。如果到了量子计算机时代，那我们的社会又要发生另外一个天翻地覆的变化。你可以想象那个社会要到来了，我们整个社会有多大的进步。所以我们说，量子力学、第二次量子革命，会给人类带来一个新的阶段。

借助量子计算机磅礴的算力，可以解决当今超级计算机无法胜任、具有重大实用价值的问题。人们可以精确地知道某一个时刻的降雨量；可以提前一个月甚至一年，预测到地震的发生时间；可以大大缩短研制新药的时间；等等。尽管距离实际应用仍有漫漫长路要走，但是就在 2020 年末，人类已经成功实现量子计算优越性里程碑式的突破。量子科技赋予未来更多的期待。

在传统的建筑领域，人们也在借助新材料和新手段，尝试着制造"新东西"。

黄浦江两岸风格迥异的建筑群

外滩一直被看作是大上海的标志。建筑是时代的一面镜子，黄浦江两岸风格迥异的建筑群，浓缩了上海一百多年间的发展史，也生动地呈现着百年间建筑的进化史。新的尝试，就发生在上海的一间写字楼内。

> 俞廷（建筑师）：我就觉得建筑是一个非常非常重要的人类工具，它是与科技进步、生活需求不断提高息息相关的一个人类最重要的载体。

俞廷一直尝试在建筑领域植入新的技术手段，创造全新的建筑理念。2018 年，俞廷接到一个新的项目，设计一个名叫结缘堂的建筑。

> 俞廷（建筑师）："结缘"这个词，中国人很容易想到古代的文化形象叫月老，月老的一根红线。那么，我最初的设想，是用红线绑出一个建筑。

俞廷想用红色的线缠绕在钢架上，解构出整个结缘堂。但很快，他就放弃了这个想法。因为这是装置，不是建筑。

灵感在苦苦思索后终于清晰：俞廷想到了一种新材料——碳纤维，并采用机器人编织的方式来完成这个创意作品。

碳纤维，被世界公认为是未来建筑领域最有前途的复合材料之一。由比人的头发丝更细的碳原子丝组成，耐高温、抗腐蚀，比钢材轻，却更加坚固。

机器人编织碳纤维建筑构件

赖冠廷（机器人专家）：碳纤维它本身是抗拉强度比较强的，我们会把碳纤维作为一个复合材料。复合材料其实是碳纤维加上环氧树脂，同时具有抗拉和抗压的一个特性。

机器人以 7200 米连绵不断的碳纤维束，耗费 90 个小时编织完成了这个高 4 米、宽 3.8 米的建筑构件，而且是一次成型。这是与以往经验和做法完全不同的思路、完全不同的手段。也许，未来就在这些还不很成熟的尝试中孕育着。

机器人编织的碳纤维作品

俞廷（建筑师）：如果我们可以把我们的建筑，变成不同轻质但是坚固，可以跟着你的生活从上海搬到北京，插入到你新生活当中去。这样的未来是跟我们现在不一样的，但是值得期盼。

千百年来，人类以建筑材料的演进为基础，不断筑造并以此改进城市的面貌。未来，随着更多性能先进、节能环保、绿色洁净建筑材料的研发应用，一座座超出人们想象的建筑将出现在未来的城市中。

丰收的田野

如果说汇集了人类智慧和科技手段的建筑塑造了城市的面貌，那么丰收的田野就是大地最美的风景。

作为世界上人口最多、人均耕地面积较少的国家，粮食安全历来是中国人极为关心的大事。而保障粮食安全，科技的力量必然是重要的手段之一。

姚尧是当地种粮大户，这次他特意来到这片试验田里看一下收成。春天时，他在这片田地里播撒的是一款全新的、高科技手段培育的稻种。

> 姚尧（种粮大户）：2020 年我们这里发了洪灾，一个月没有光照，但我这里仍然达到了丰产的水平，达到了每亩 850 公斤的产量。

中国水稻平均亩产 500 公斤至 600 公斤，在受灾的情况下，这里实际亩产依然能达到 850 公斤，这是一个沉甸甸的数字。

这一切，源于李家洋院士率领的团队以分子育种的手段培育出来的新稻种。

　　李家洋（中科院院士）：我们育种不是光看它可以看到的这些性状，我们要能知道决定它的分子的本质的东西，在这个水平上去进行育种，我们就叫分子育种。我们知道每一个性状，大穗、大粒、抗倒伏……那这些基因聚合在一起，它就有这些高产的性状。它的后代我们就可以很好地选择，它既有高产性状的基因，又有优质的、好吃的等性状的基因在里面。

　　李家洋院士和他的团队通过分子设计育种技术，精准选出高产与优质的控制基因"组装"在一起，试图破解水稻"高产不优质、优质不高产"的难题。而关于未来的设计，他们已经开始在实验室中试验。

前沿科技走进传统农业

　　李家洋（中科院院士）：技术的革命带来了我们消费方面的一个升级换代，那未来我们的育种也可以按照消费者的需求进行订单生产。比如说，我们现在正在做的抗性淀粉的大米，吃进去以后它的消化比较缓慢，血糖里面糖的含量比较平缓。这个大米改善了我们肠道的菌群，也适应糖尿病患者吃，甚至减肥人群也可以食用。

　　民以食为天。科学家们已经在尽力满足人类吃饱的同时，开始设计让细分人群吃好的问题。

　　前沿科技正润物无声地走进传统农业，以高科技、新手段为代表的现代农业正在这片希望的田野里上演。

现代农业走进希望的田野

桑蚕，让中国丝绸成为改变中国乃至世界历史进程的力量。

从荒漠戈壁到大海汪洋，勤劳智慧的中国先民开启了史诗般的东西方文明交流，让丝路花雨的传奇绵延数千年。

21 世纪的今天，桑蚕也走进了科学家的实验室。他们给桑蚕喂一种喷洒过特殊碳材料的桑叶。吃了这种桑叶后，蚕吐出的丝不但更加结实强韧，而且碳化后的电导率高出 10 倍。这种神奇的材料，就是石墨烯。

科学家在实验室内养蚕

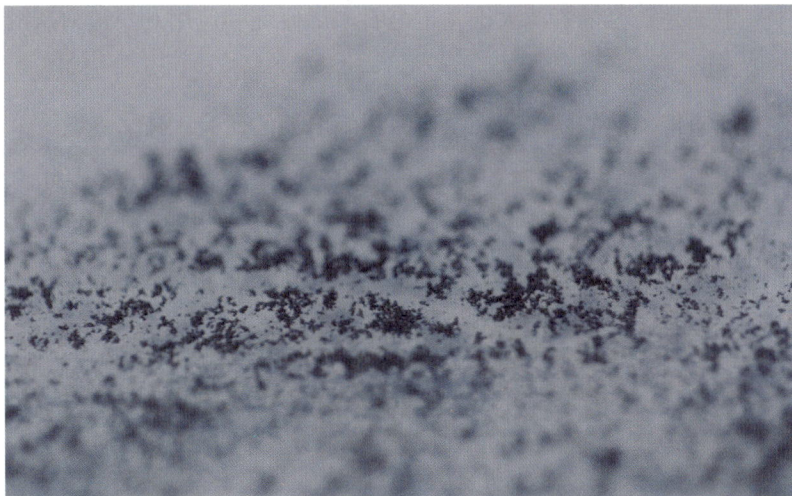

石墨烯：地球上最薄、最轻、最强、最坚硬的材料

实验数据表明，石墨烯是迄今为止，世界上最薄、最轻、最强、最坚硬的材料，被誉为未来的新材料之王。但它的发现，却充满了戏剧性。

2004 年，英国的科学家海姆和他的同事用胶带反复粘贴一块很薄的石墨。经过无数次的撕合后，终于剥离出只有一个原子厚度的二维材料——石墨烯。

当然，现在的科学家已经不需要再用这种原始的方法来获得石墨烯，他们已经掌握了更为先进的科学方法。

张金灿（北京石墨烯研究院超洁净批量制备项目组组长）：我们主要是在金属铜箔上，在 1000 度的高温环境下，把甲烷这种气体分子的碳源，通到高温的化学气相沉积系统里。它裂解以后产生的碳原子，逐渐就排列成六方密排堆积的单原子层的石墨烯材料。我们做的石墨烯高端材料的研究，包括批量制备，在世界上都是领先的。

中国是石墨烯资源大国，也是石墨烯研究和应用开发最活跃的国家之一。

魏迪带领他的团队正在从事石墨烯电池的研究工作。

> 魏迪（北京石墨烯研究院副院长）：我们在探索杀手锏级应用，来应用于我们普通的日常生活。比如说，我们目前可以做到一个全柔性的石墨烯电池。
>
> 未来的情况下，比如你的牛仔裤的裤兜里就是一个柔性的电池，再加上 NSCC 电路，只要你把手机放到裤兜里，手机就会自动充电。

石墨烯柔性电池

在人类从"硅"到"碳"的演变进程中，传统意义上的有机材料越来越多地应用在全新的应用领域。在可穿戴设备、新能源汽车、信息产业、健康产业等方面，石墨烯的特殊性能让人们对它的广泛应用充满好奇。探索的路上，永远有梦想在牵引。

对于袁庆新来说，他的梦想其实很简单，就是希望他的母亲手术后能够和正常人一样站起来。

> 袁庆新：2020 年 4 月，带我母亲到黄山市的医院做了换髋手术，没有达到理想的状态。目前来到上海第九人民医院，这应该是国内最先进的医院。所以我们转到这边来，看看能不能达到满意的效果。

上海第九人民医院针对病人的诊断会议正在进行，郝永强决定用 3D 打印的髋关节为患者手术。

> 郝永强（上海第九人民医院骨科主任医师）：这个病人，72 岁，女性，患有骨性关节炎。她用传统的方法做了换髋手术，已经失败了。所以 3D 打印个性化假体，是她必然的选择。

3D 打印技术，跨越了虚拟世界与现实世界的鸿沟，掀起了一场产业、设计以及材料领域的大变革。如今，这场变革蔓延到了医疗领域，带来一种全新的医疗理念。上海第九人民医院是国内最早实现 3D 打印个性化关节假体的医院。

个性化需求一直是医疗领域追求的目标。3D 打印技术为个性化医疗开启了一扇充满想象与希望的大门，实现了医疗由削足适履向量体裁衣的转变。在此基础上，医疗专家们正在探索一种全新的、充满想象力的方案——生物打印。

> 孙彬彬（上海第九人民医院骨科博士后）：我们通过软件做了一个耳朵的三维模型，我们想利用 FDM 的 3D 打印设备把它打印出来。通过体外的细胞培养，再到体内去植入，最后随着材料的降解，它可以真正形成一个人工的耳朵。

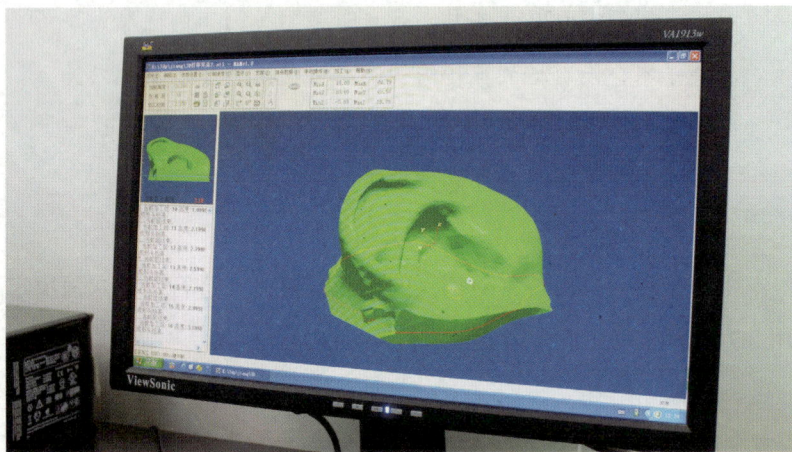

利用软件做的耳
朵模型

同样让人振奋的试验正在实验室内静静地孕育着。徐铭恩教授正在依据电脑中的复杂三维结构图，打印肝脏组织单元。

徐铭恩（杭州电子科技大学教授）：我们按照肝脏的仿生结构打印了肝组织，目前它是一个高度透明的小结构，内部分散了大量的肝脏的细胞。在我们的体外经过一定的诱导培养之后，细胞会增殖、分化，然后发生迁移和连接，最后形成各种肝脏的功能。

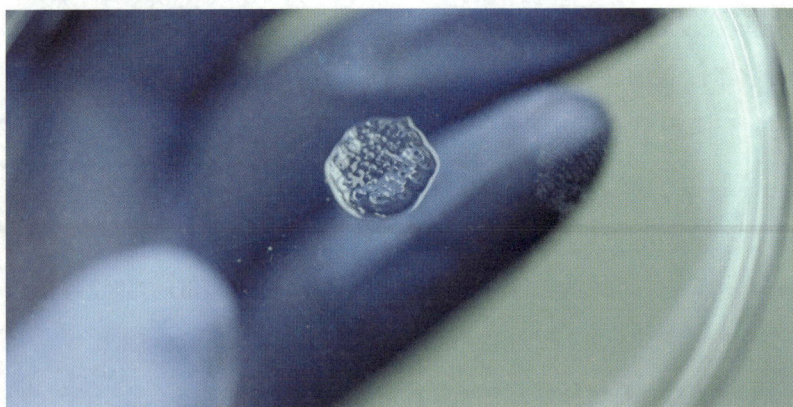

3D 打印的肝组织

今天，全球每年有 600 多万人在等待器官移植，而满足率不足百分之一。一旦生物打印技术成熟，它可以打印包括心脏、血管、肺部等各种组织器官。对于需要器官移植的病人而言，这将是他们获得再次重生的机会，更将是人类健康医疗领域的又一次革命性跨越。

> 郝永强（上海第九人民医院骨科主任医师）：我们以后的器官，比如说心脏衰竭了，给他打印个心脏；肝脏衰竭了，帮他打印个出来。那人类的整个医学治疗会迈出很大的一步。

郝永强教授亲自为袁庆新的母亲主刀的手术开始了，3D 打印出来的髋关节顺利地植入患者的身体，同时植入的是新科技手段带来的新希望。

3D 打印的髋关节

袁庆新的母亲手术半年后，已经可以下地走路。

清华大学内，一场特殊的表演正在进行。这是国内第一个完全由机器人组成的中国风乐队，乐队的成员由三个机器人组成。不经意间，越来越多的新事物、新现象开始出现在我们生活中的各个领域。科技的创新是为了不断地满足人民对美好生活的向往，不止于当下与未来，也在于对过去进行重塑，以一种更具现代感、科技感的面目呈现在世人面前。

三个机器人组成的乐队

技术人员：敦煌有 1000 多年的历史，但是它的很多洞窟、壁画，由于历史过于久远，出于保护的原因，不能完全展示出来让游客来看。既要保护好它，又要更多的人去了解它，其实是一个两难的事情。这种情况下，我们就在想用数字增强的技术，使大家在洞外就能够看到洞内的壁画。让壁画里面隐含的丰富的历史、人文信息能够呈现出来。

这是虚拟现实和增强现实技术与古老艺术的一次完美结合，将虚拟的数字影像，叠加在真实的世界之上，复制出一个与实景相同

华为的数字增强技术使游客在洞窟外就能近距离欣赏洞内壁画

的、虚拟的、更富有动感和真实感的空间。借助科技的力量一望千年，大漠敦煌穿越回到那个充满想象力的年代。

> 技术人员：我们一直追求的梦想就是把物理世界和数字世界结合起来，你心中所想的，可能就会变成你现实所见的。

一望无际的沙漠中，不仅为人类保存了敦煌莫高窟这一世界文化遗产，同样也蕴含着极为丰富的资源等待人类去开发利用。

能源，是人类发展进步的基础。实现可持续发展，必须发展新能源。从风能、太阳能到氢能，可再生能源的开发利用逐步受到科学家们的高度重视。

黄文博是敦煌100兆瓦光热发电站的副总指挥。这一片戈壁滩上的1万多面镜子，就是他的杰作。

敦煌100兆瓦光热发电站是全球单机聚光面积最大的塔式光热电站，如何持续、稳定地供电，是太阳能、风能发电的关键。这个

敦煌 100 兆瓦光
热发电站

电站成功解决了光伏发电与风力发电电能无法存储的问题。

黄文博（敦煌 100 兆瓦光热发电站副总指挥）：我们用的是大量的智能化的、机器人一样的镜子，有 1 万多个。每个镜子里面又带着 35 个小镜子，它们在不同的位置要把阳光同时反射在一个点，使能量通过聚焦储存放热发电。

1 万多面镜子就像向日葵一样，追随着太阳运动，白天在发电的同时，可以将多余的热量储存起来，晚间再将这些储存起来的热量释放出来。这个年设计发电量 3.9 亿度的电站，每年可减排二氧化碳 35 万吨，创造相当于 1 万亩森林的环保效益。

1967 年，中国第一颗氢弹试爆成功，它的原理就是模仿太阳内部的核聚变反应。这种反应在太阳上已经持续了 50 亿年。自然界中最容易实现的聚变反应是氢的同位素——氘与氚的聚变。

段旭如（中国核工业集团西南物理研究院院长）：我们知道，在一升水中提取的氘全部聚变反应产生的能量，相当于燃烧 300 升汽油。从这个意义来说，核聚变如果能和平利用，那是取之不尽、用之不竭的。

因此，科学家们希望发明一种装置，可以有效控制"氢弹爆炸"的过程，让能量持续稳定地输出，彻底解决人类的能源问题。这就是用来控制核聚变反应的磁约束装置——环流器，科学家们给它起了一个形象的名字——人造太阳。

20 世纪 60 年代，大学刚毕业的严东海来到四川乐山，从事核聚变的研究工作。

严东海：我们取得了 6000 多项科研成果。那个时候是一心想实现可控核聚变，但是遇到的困难很多。

一个十年又一个十年过去了，严东海退休了。但如何控制住核聚变产生的巨大能量，始终像一座无法翻越的大山，横亘在科学家的面前。

2020 年 12 月 4 日 14 时 02 分，是让严东海激动万分的时刻，完全由中国人自主设计制造的环流器二号 M 装置实现首次放电，标志着我国新一代先进磁约束核聚变实验研究装置建成，并正式投入运行。这是我国目前规模最大、参数最高的环流器装置，也是我国核聚变不可或缺的平台。

位于四川乐山中国核聚变博物馆内，馆内陈列着中国环流器一号以及中国最早研究核聚变的一些其他设备。退休后的严东海经常来这里担任义务讲解员。

中国环流器一号

严东海讲着过去，同学们心中设想着未来。未来，如果人类攻克了核聚变的难题，就意味着能源几乎可以无穷无尽。摆脱了能源的束缚，人类将更加自由。

遥望太空，探寻宇宙的奥秘，一直是人类孜孜以求的梦想。

这是人类在太空拍摄的第一张地球全景照片，一颗巨大的蓝色星球悬挂在黑色的天空。它孤独吗？宇宙中是否还有其他生命存在？答案，只能在浩瀚的宇宙中去寻找。

人类在太空拍摄的第一张地球全景照片

2020 年 7 月 23 日，中国的火星探测器"天问一号"搭乘长征五号火箭从海南文昌发射升空，正式开启了中国的火星探测之旅。

探索浩瀚宇宙，是中国人不懈追求的航天梦。创新是一个民族进步的灵魂，是一个国家兴旺发达的不竭源泉。

2020 年 12 月 17 日，嫦娥五号返回器携带月球样品成功着陆。

嫦娥五号返回器
成功着陆

汇聚尖端工业的航空航天事业，可以大大提升国家的综合实力。

王洋（火箭专家）：我们国家过去 50 年航天取得的成果，全部是由国家队科研院所在这个角度上取得的成绩。

2014 年以来，中国民营企业开始引人瞩目地进入航天领域。这是一个水到渠成的结果，它的背后是社会进步的需要、科技创新的驱动。

王洋就是在这个时候，创办了自己的卫星公司。

王洋（火箭专家）：现在新兴的商业卫星公司，更多的其实是以市场为导向、以客户需求为出发点的一些商业行为。

商业航天已经成为 21 世纪经济发展的重要引擎，火箭与卫星是航天事业的两大支柱。

就在王洋准备发射自主研制的第一颗商业卫星的同时，在浙江湖州的一片大山里，蓝箭航天 80 吨级别的火箭发动机正在准备点火实验。

张舫是蓝箭航天在湖州火箭实验基地的负责人，为了建设这个基地，他在湖州的这片大山里已经待了两年时间。

张舫（航天专家）：为什么要建这个试车台，为什么要对发动机进行 2 万秒的试车考核呢？主要就是为了考核发动机的各个性能，用一遍一遍的失败、用一遍一遍的实验测试，保证我们发动机在飞行中万无一失。

火箭点火试验成功，不久的将来，它将承载着中国年轻一代航天人的梦想飞向太空。

浩瀚宇宙，星汉灿烂。在离地球 500 千米的太阳同步轨道上，一颗名叫"悟空"的卫星巡天而行。它已经在太空运行了 1000 多

建设在大山里的火箭基地火箭点火试验成功

个日夜。它的使命是在茫茫太空中寻找一种特殊物质存在的证据。这个特殊的物质如果被发现，必将颠覆人们对于宇宙的认知。

很多年前，科学家们研究发现，由原子组成的物质只占宇宙总质量的百分之五，其余百分之九十五的物质是什么，至今一无所知。于是科学家们将它称为暗物质，并猜测暗物质决定着宇宙中星系的起源、形成与演化。

杜鹏（中科院科技战略咨询研究院研究员）：为什么要研究暗物质、太空探索，这些看上去没有直接用途的研究呢？习近平总书记实际上曾经在2019年6月发表过一个特别精辟的论断，指出基础研究是所有科学体系的源头，是所有技术问题的总机关。为什么说叫总机关呢？实际上说明它牵引了我们所有科学问题的一些发展。

范一中（中国科学院紫金山天文台暗物质空间天文研究部主任）："悟空"号已经上空四年了，我们的首批成果是2017年发布的，大家非常关注，所以我们肯定有必要，例如明年或者后年，要发布新的结果。

范一中是"悟空"号科研团队的负责人，他们要分析从外太空传回来的数据，期望从这些海量的数据中寻找到暗物质存在的证据。

范一中（中国科学院紫金山天文台暗物质空间天文研究部主任）：我们每天收集500万个粒子，到现在为止快接近70亿个粒子了。我们团队主要是把卫星收集的数据，还原为天上真实的一些东西。然后再根据这些东西，来推断是不是哪个地方有暗物质的迹象。

北京时间 2019 年 9 月 28 日，中国暗物质卫星项目团队公布第二批科学成果。基于前两年半的数据，"悟空"号在国际上首次利用空间实验精确绘出高能质子宇宙射线能谱，并观察到能谱新结构。这一发现对揭示高能宇宙线的起源，以及加速机制具有十分重要的意义。

> 范一中（中国科学院紫金山天文台暗物质空间天文研究部主任）：我们人类有今天这样高度的文明，显然是由科技带来的。那么科学家的使命就是，不停地解释旧的一些东西，然后发现新的东西，科学的进步就是这样。

他们就这样一点一点地深化着对宇宙的认知，经年累月中每一次新发现都会引起全世界的广泛关注。好奇是人类的天性，人类一直想知道自己从哪里来又将到哪里去。

西安的一家航空科技馆内，参与嫦娥系列工程的科学家们正在认真地回答着孩子们充满好奇的问题。

参与嫦娥系列工程的科学家们在航空科技馆内与孩子们互动

孩子们的问题：

——银河系外面的外面有啥？

——我想知道宇宙中有没有虫洞？

——宇宙里面有没有外星人？

——如果地球真的遇到时空裂缝被吸进去不出来会咋样？

这是一场别开生面的对话，孩子们天真的提问，正是源于对未知世界的好奇。而人类的历史，就是从幼稚中不断成长走向成熟的过程。今天的好奇，会种下希望的种子。当孩子们长大时，这希望的种子会萌发，终有一天会结出丰硕的果实。而那一天，又将是人类在前进的道路上迈出一小步的时刻。

希望是遥远的，但希望其实并不遥远；希望在对未来的期待中孕育，希望在对未来的探索中实现。

科技创新在引领社会走向未来的同时，改变了过去和现在，人们的生活就在这个过程中不断升级迭代，人们所向往的美好生活，就在这种创新中不断实现。

这是一个创新的时代，一个科技改变生活、智慧创造未来，一个充满希望、幸福美好的新时代。

李家洋（中科院院士）：科学技术的发展，不仅为我们的生活带来方便，效率更高，更重要的是让人类本身的生活品质更高。

大学生：可能我们在医疗领域也会有更加巨大的发展，比如说我们可能已经攻克了癌症。

大学生：我觉得在未来应该是人工智能和人和谐共生

的这个模式，这才是真正的一个发展的趋势。

王坚（中科院院士）：真正可以做的事情是把人解放出来，让人用更好的方式、更文明的方式，生活在这个城市里面。

大学生：未来的社会生活应该是普惠的，比如说边远地区的儿童可以通过智能技术获得更多的教育机会，让教育越来越便利。

大学生：我希望未来的智能社会里，能够有更加清洁的空气，能够有更加清澈的河流。

丁列明（国产靶向药研制者）：我们对美好生活的追求就是，在一个非常美好的环境里面，能够创造出美好的成果，能够分享这些美好的成果。

大学生：大数据和人工智能的结合，会加持我们的生活方式，使我们的生活越来越美好。

附录

一　主创札记

《智造美好生活》诞生记

2021 年，是中国共产党百年华诞，也是"十四五"开局之年，若干年后，这一年也必将被人们反复忆起。

3 年前，即 2018 年改革开放 40 周年之际，全社会掀起一轮"抚今追昔"的热潮，中国社会进步之快、中国人民生活变化之巨赢得

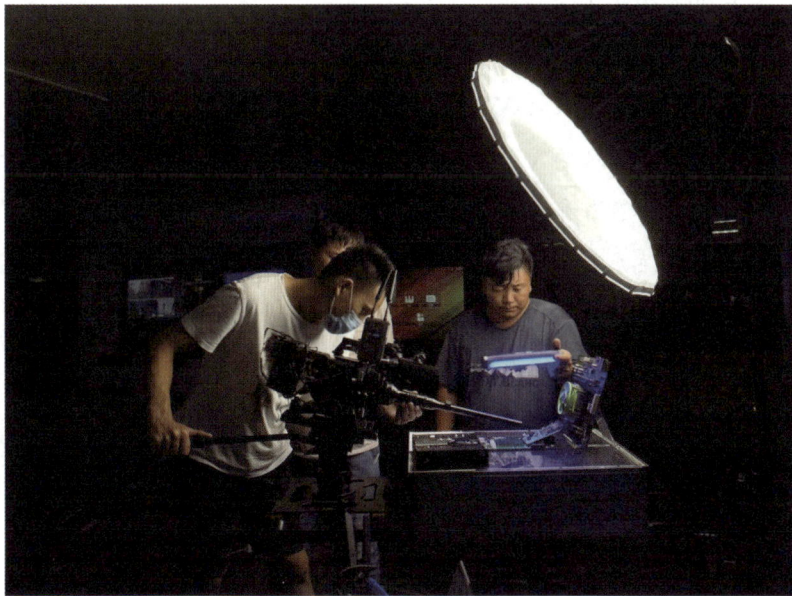

团队拍摄飞腾芯片

世人由衷赞叹，这些发生在每个中国人身上"看得见、摸得着、感觉得到"的获得感、幸福感和安全感，得到全社会最广泛的认同。

中央广播电视总台中国国际电视总公司一向以内容产业为引擎，通过培育原创、打造特色 IP 品牌，全面提升精品内容创制，是当前的一项重要任务。

弘扬时代主旋律、激发社会正能量，是中国主流纪录片的基本功能。聚焦主题主线，礼赞新时代、讴歌新生活，由中国国际电视总公司策划、投资、制作一部高品质且具有一定影响力的纪录片的想法就这样诞生了。

一、为什么是"美好生活"？

围绕国家战略、社会变化等重大议题策划选题，生动展现当代中国伟大成就，深入解读中国的发展道路、发展理念及对世界的贡献，是当代中国主流纪录片创作的基本方向之一。

1. 向总书记"要选题"

党的十八大以来，以习近平同志为核心的党中央提出的"人民对美好生活的向往就是我们的奋斗目标"的理念深入人心。

从历史纵深的角度看，当今中国正处于中华民族历史上最好的阶段；从世界范围看，中国社会正处于一个活力迸发的新时代，成为世界经济发展的重要引擎；从社会发展的角度看，当今世界正处在一个科技大爆发的迅猛发展阶段，科技对社会的贡献率达到前所未有的高度；从普通中国人的生活看，"人民的获得感、幸福感、安全感"得到最广泛的认同。今日的中国，正处在一个人民生活质量不断升级的时代。

立足当下，回望过去，展望未来，反映并展示中国人民的"美好生活"这一主旨被明确下来。

团队拍摄景德镇法国女孩 Kami 制作陶瓷

2. 从政府工作报告中提炼话题方向

习近平总书记指出："我们的人民热爱生活，期盼有更好的教育、更稳定的工作、更满意的收入、更可靠的社会保障、更高水平的医疗卫生服务、更舒适的居住条件、更优美的环境，期盼孩子们能成长得更好、工作得更好、生活得更好……"

在"美好生活"这一主题概念下，结合当下社会的热点、焦点、难点，特别是近些年来人们普遍认同的发生巨大变化的生活领域，成为本片的基本内容。

在此基础上，又经过多轮次与相关领域专家学者座谈、调研，在分析了当今世界主要发达国家的社会发展状态、趋势之后，确定了本片各集的内容方向：我们的家（家居生活）、医疗健康、现代城市、环境生态、科技赋能、走向未来。

二、为什么是"智造"?

显然,单纯地展示"美好生活"只是为了展示而展示,会缺乏带入感,缺乏深度和张力,无法引起观者的"共情效果",也就不会引起观者的共鸣。

在新冠疫情肆虐全球、中国取得抗击疫情重大战略成果的今天,中国人民已经高度认可中国共产党的伟大、中国特色社会主义制度的优越性,而这也正是本片题中应有之义。找到一个更具体、更接地气、更有广泛认同感的切口,阐释中国人的"美好生活"是怎样获得的,从而让观众看完本片后,能自然地感受到、体悟到、总结出上述概念,是摄制组面临的且必须跨越的一个门槛。

回望整个人类历史,推动人类社会进步的重要手段和力量之一就是——科技。从人脱离动物、成为"人"的那一刻开始,创造工具、使用工具就一直贯穿着整个人类的历史发展进程,从农耕文明到工业革命,一直到今天所谓的智能时代,"人类发明了科技,科技推动社会进步,人类生活得更好了,人类活得更健康了,人类更有自信、更有尊严了"。

显然,科技改变生活,已经成为当今世界的一个共识,成为当今时代的一大特点。

进入 21 世纪,人类正经历着历史上前所未有的最广泛、最深刻的变革,世界多极化、经济全球化、社会信息化、文化多样化,这其中就有新一轮科技革命和产业变革的兴起发挥的巨大作用。5G、人工智能、大数据以及 4K+8K、AI 和 VI、无人驾驶、基因工程、量子计算、云技术……这些不明觉厉的新概念、新理念、新方法、新手段、新产品不断涌现,让人目不暇接,人类社会的样貌因之发生变化、人们的生活方式乃至人们的生活态度、生活观念也

团队在国家气象台拍摄台风来临前国家气象台每小时一次的紧急会议

在这种变革中发生着前所未有的改变。

科学技术从来没有像今天这样深刻影响着国家的前途命运，从来没有像今天这样深刻影响着人民的生活福祉。

于是，以科技为视角，反映前沿科技对社会、生活的作用为内容方向也被确定下来，前沿科技与"美好生活"的关系可以这样表达：

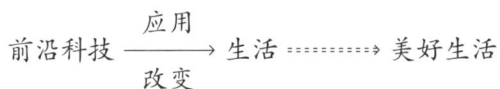

$$前沿科技 \xrightarrow[\text{改变}]{\text{应用}} 生活 \dashrightarrow 美好生活$$

三、我们为什么要讲改变的故事？

历史哲学中有一种说法：世界是以故事的形式感知并呈现自身的。它可以超越时空、超越国别、超越民族、超越文化，甚至超越价值观而更容易被人们记忆、传颂（传播），故事一向被奉为是文学体裁中最好的传播方式和表现形式。

近些年来，中国纪录片创作进入到一个空前繁盛时期，让人眼前一亮、有影响力、有艺术水准的纪录片作品不断涌现。在这个过程中，纪录片人的创作手法、表现手段、创作理念越来越成熟、越来越丰富且越来越游刃有余。

讲故事、讲好故事，重新被中国纪录片人奉为圭臬，并成为当前纪录片创作的基本遵循。

"讲好中国故事，做好国际传播"是本片的创作初衷之一。能否讲好故事，是衡量本片创作水准的一个标尺。同时，我们致力于通过讲故事，将纪录片的主题、理念在故事的铺陈中润物无声地被观众接收到、体悟到、感受到。

因为本片的视角是前沿科技，前沿科技戏剧性的效果在于——改变，所以我们必须同时要讲好"科技改变生活"的故事。

在国际上，科技题材纪录片作为纪录片的一大门类，不仅代表着纪录片的创作水准，也拥有相当可观的收视群体和市场份额。

根据本片的主题主旨、预算、周期以及科技动画的制作难度，几经权衡，我们清楚地知道，本片不能是纯科技纪录片、不是传统意义上的科普片，我们担心落入"讲不明白、听不懂、不好看、不愿看"的尴尬境地，还是回归到"讲故事"上来，因此，我们给本片的定位是：科技题材的人文纪录片，强调整体的人文特性，而不仅仅是单纯的科普。

而讲好科技的故事，就必须盯住"改变"——科技改变生活、科技改变命运——这其中蕴藏着的"戏剧性的事件"，正是我们所要发掘的"炸点"。因此，我们在讲科技时，主要是在讲述前沿科技在社会生活中的应用及效果——故事人物的生活，甚至命运因前沿科技而改变的故事，在本片创作中，我们称这类人为"科技的受益者"。

　　讲好科技的故事，我们同时也关照到了另一部分人——科学家、创新科技的发明者——我们称他们为"科技的发明者"——这样，不仅弘扬了科学家精神，也使得本片在故事人物的设置上更丰满、更完备，甚至在某些段落中更具有感人的戏剧性效果。

　　由此，大型科技题材人文纪录片《智造美好生活》就诞生了。

王密林

纪录片《智造美好生活》总导演

二 媒体报道

纪录片镜头下的高科技正在改变人们的生活

（《光明日报》2021 年 3 月 20 日）

近期，由中央广播电视总台中国国际电视总公司原创出品的大型 4K 超高清纪录片《智造美好生活》播出，引发人们对科技与生活话题的探讨。随着现代社会的快速发展，各种各样的科学技术逐渐渗透人们生活的方方面面，越来越多的纪录片镜头开始对准日新月异的高新科技。

《智造美好生活》透过普通中国人的日常故事，生动而鲜活地呈现了生活中熟悉而又陌生的科技应用。为摆脱以往科技题材纪录片讲不透、听不懂、因艰深晦涩而兴趣寥寥的窠臼，《智造美好生活》在科技呈现方面做出诸多改变。该片总导演王密林介绍："这部作品以故事化的方式呈现，精心挑选与科技作用相契合的人物故事，通过他们命运改变、生活美好升级的戏剧性效果解读科技创新的作用。"

既有制作精良的影像品质，也有直抵人心的丰富情感

以《智造美好生活》为代表，越来越多的纪录片创作者乐于将

鲜活接地气的故事与前沿科技知识解密相结合，进一步见证着美好生活离不开科学技术的飞速发展，离不开创新精神和创新实践。《智造美好生活》总策划唐世鼎表示："该片以国际化视野与故事化表达，用镜头讲述新时代中国故事，解密前沿科技知识，传播广大科技工作者勇于探索、献身科学的精神，展现科技智慧创新创造力量，以此激励奋进，推动科技自立自强，创造更加美好的生活。"

前不久，中央广播电视总台纪录频道精心策划制作的《飞吧，嫦娥》以融媒体短视频的方式，呈现我国航天领域的科技突破。中央电视台科教频道推出《创新进行时》栏目，聚焦国家创新驱动发展，记录当代中国科技强国的奋斗历程。此前，由中央广播电视总台央视纪录频道与中国化学会携手打造的化学科学纪录片《门捷列夫很忙》，以著名化学家门捷列夫的动画形象为串联，通过充满趣味性的知识介绍，向广大中国观众普及化学基本知识。

在中国传媒大学副教授黄典林看来："从融入饮食起居的细枝末节，到飞入太空的宏大理想，这些纪录片将高深晦涩的科技变革转变为可感可知、理智而不乏温情的纪实语言。既以浅显易懂的科普表达记录当下，又以惊艳的视听冲击打通人们对现代化生活的生动体悟。"

为了多维度、立体化地展示当今中国科技的飞速发展，这些纪录片采用多种创新手段，让视觉体验更加惊艳，科普知识点更加通俗易懂。《智造美好生活》以电影级 4K 超高清影像技术摄制，5G、AI、机器人、无人机航拍、水下摄影等高新技术设备加入创作，最终生动呈现出数字化、网络化、智能化的生活场景。《飞吧，嫦娥》运用大量三维动画演示技术原理，配以逻辑清晰、精练简洁的解说，在每集五分钟的影片里清晰明了地呈现嫦娥五号的运行原理。上海广播电视台纪录片中心创作的讲述新药研发的纪录片《创新者的处方》，为了更形象地展现靶向药如何抑制、阻断肿瘤血管，摄制组采用专业的显微摄影，拍摄显微镜下肿瘤组织周围的免疫微环境。

各种特殊摄影、数据可视化和电影级特效动画的应用，突破了人类肉眼的局限，让难得一见的高精尖科技实现影像化呈现，也提升了纪录片的艺术品质。

既有对国家重大战略的描摹，也有与时代社会的同频共振

刚刚发布的《中华人民共和国国民经济和社会发展第十四个五年规划和 2035 年远景目标纲要》显示，全社会研发经费投入年均增长 7% 以上、基础研究经费投入占研发经费投入比重提高到 8% 以上、战略性新兴产业增加值占 GDP 比重超过 17%……这些具体的数字强调着：科技，是强国之路。

改革开放 40 多年来，中国人真切地感受到祖国的蓬勃发展，以及科技创新为生活所带来的日新月异的变化。立足于"十四五"开局之年放眼未来，科技正在召唤着更加美好的生活。从过去到未来，创作者的脚步一直在跟随，纪录片的镜头也未曾停止。

在《智造美好生活》的镜头下，智能交互应用带领上海盲人女孩走出国门，感受异域风情；大数据寻人系统，为八旬台湾老人寻得大陆亲人，重新勾连起跨越海峡的血脉亲情；智能植保无人机协助农民与肆虐的虫害做斗争；人工智能则在一定程度上辅助失能人群生活工作，同时也拂去他们心头的阴霾。正如《智造美好生活》片中娓娓道来的那样，"科技创新在引领社会走向未来的同时，改变了过去和现在。人们的生活就在这个过程中不断升级迭代。人们所向往的美好生活，就在这种创新中不断实现。"

国家广电总局发展研究中心主任祝燕南评价《智造美好生活》："单元式叙事结构覆盖中国人民现代化生活的方方面面，将人工智能、大数据等高科技发明、智能化产品和应用的影像表达，全部下沉到城市、社区、家庭、个人日复一日的工作和生活细节，有很强的贴近性、亲和力、认同感。"

既有对星辰大海的仰望，也有对脚踏实地研发的致敬

从浩瀚的太空到深邃的海底，再到普通人的生活一隅，纪录片镜头正在奋力捕捉中国科技创新的闪光之处。近距离拍摄、多形式呈现、用心用情讲述，在为科技祛魅的过程中，纪录片也让观众看到在科技的璀璨星河中，人类的渺小与伟大。

中国纪录片网负责人、纪录中国理事会秘书长张延利在接受记者采访时表示，"现在越来越多的纪录片人开始关注科技题材纪录片的创作领域，而且据说有些商业机构的客户也在寻找和关注科技题材纪录片，包括今年的新鲜提案真实影像大会也特别设计了科技题材纪录片的提案环节，我们希望能用记录的力量把中国科技发展，科技故事保存下去。"

嫦娥五号计划实现月面自动采集返回，是中国航天史上迄今为止难度最大的任务之一。《飞吧，嫦娥》围绕发射、测控、落月、采集、交会对接、月壤转移、返回等"嫦娥奔月"中 7 个最为重要的作业环节，巧妙地展示嫦娥五号工程的难度和挑战，彰显中国不断提升的航天能力与坚定毅力，及其背后众多科研人员的集体智慧和不懈奋斗。同类型的科学短纪录片《Hi，火星》从检测、载荷转运到火箭垂直转运，再到发射前夜以及最后的发射，完整呈现火星探测事业的艰辛，也让观众看到中国航天人的乐观、坚韧和无私奉献。第一部全景式介绍中国北斗卫星导航系统的科学纪录片《北斗》

首次披露了许多珍贵历史画面，生动呈现几代中国航天科研人员与全国无数参研参建单位数十万工程技术人员为科研事业投入的心血与智慧，彰显"自主创新、开放融合、万众一心、追求卓越"的新时代北斗精神。为展现科学家们的艰辛制药历程，《创新者的处方》摄制组扎根药物研究实验室，跟踪拍摄中国科学家如何与临床医生乃至患者通力合作，打破神经内分泌肿瘤治疗困境的过程，忠实呈现每一个中国方案背后的呕心沥血。

"现在我们才发现，科技领域的故事并非人们认为的那样平淡而刻板。恰恰相反，它们都是纪录片最好的题材。我们希望有更多的年轻导演关注这个领域，去拍摄和展现当代中国的创新故事。"纪录片《创新中国》总导演史岩说。

纪录片长于传递新知、启迪心智，科学纪录片更是为观众带来无限想象空间。这些科学纪录片紧扣时代发展脉搏，用情呈现当今科技创新，其描绘出的未来生活图景温暖人心、鼓舞士气，唤起更多人理解科学、参与科学的热情，具有广泛的现实意义。

科技让生活充满爱

（"人民日报"客户端 2021 年 1 月 10 日）

　　1月1日到1月6日，大型4K超高清纪录片《智造美好生活》在CCTV4、央视频和优酷同步播出。该片共6集，分别为《家　世界》《医　健康》《慧　城市》《绿　生态》《深　赋能》《创　未来》，每集时长50分钟，以普通家庭、普通人物、普通场景为基础，以衣食住行的生活琐事为叙事原点，展现了科学新技术、新理念，不仅让观众领悟到新时代科学工作者勇于探索、勇于创新的攻关精神，看到了我国科研成果在国际上已经取得的领先地位，更体验到了"科技改变生活、智慧创造未来"的社会新形态。

　　纪录片《智造美好生活》由中央广播电视总台中国国际电视总公司和总台华语环球节目中心出品。作为电视媒体中的国家队，他们充分发挥团队的思想优势、文化优势、人才优势、技术优势和平台优势，坚持国际化视野和故事化表达的优良传统，在节目的策划和采制编播各个环节坚持精品意识，让作品的水准达到了新的高度。

　　这部纪录片全面强化人文关怀，着力传达人民群众的获得感、幸福感、安全感，同时在此基础上适时打开问号，破解神秘，满足观众的好奇心和求知欲。党的十八大以来，人民的生活水平有了显著提高，之前困扰他们多年的难题都在逐一被解决。剧组创作策划团队，坚持以人为本的基本定位，通过一件件小事反映一项项重大科技成果的成功与应用：从人到事，从小到大，从近到远；从生活到生产，从具体到抽象，从现实到未来，全片的叙述完整、逻辑清晰。科技成果故事化，故事叙事人物化，人物命运细节化，在熟悉的家长里短、凡人小事中，深入浅出、声情并茂地讲述高科技，有效地克服了某些科学技术专题节目的枯燥表现和概念化的照本宣科。

此外，该片通过人物的社会互动关系，深刻揭示前沿科技走入寻常百姓家的影响——不仅为他们带来了便捷舒适、健康文明、快乐安逸的新生活，而且升华了人和人之间的感情，人们的爱心传递有了新平台。在《智造美好生活》中，我们看到女儿通过"可穿戴设备"实时掌握外地老母亲血压、心跳等健康指标，了却了不能随时守在母亲身边的牵挂；台湾老人通过"智能寻人"软件找到了大陆家乡失散多年的亲人；新婚小夫妻通过"基因产前无创检测"，看到了自己健康可爱的小宝宝。

科技无界，大爱无疆。科学技术让一个个不可能变为可能，使各种美好成为现实。在衣食住行方方面面达到物质生活新标准之后，"智造"出精神生活的新体验，AI 纯化和升华了人间大爱。《智造美好生活》有效地传递了丰富的科学知识，更有力地展示了科学技术在改善生活方面的推动力，同时也为情感交融提供了新的路径和空间，为观众带来了浓浓的暖意。作为一部科学题材的纪录片，这是难得的成功与突破。

这是一部有温度的作品。它不仅为观众提供了一次很好的学习机会，还让我们感受到了高科技给人类带来的清馨与温暖。这部作品能受到广泛的关注与认可，也是情理之中的事情。

《智造美好生活》民生视角讲述科技魅力

（新华网 2021 年 1 月 7 日）

　　《智造美好生活》以"科技改变生活，智慧创造未来"为主题，重点讲述了当代科技创新引领推动普通中国人生活幸福、美好升级、命运改变、梦想实现的温暖故事，解读新时代中国智慧创造奇迹的密码，传播广大科技工作者勇于探索、献身科学的精神，生动诠释了我国经济社会发展和民生改善比过去任何时候都更加需要科学技术解决方案，都更加需要增强创新这个第一动力。

　　该片播出后，受到广泛关注。《智造美好生活》突出电影化与大众科普手段，以 4K 超高清高品质影像与数字化、网络化、智能化生活场景呈现，并采用 5G、AI、机器人、无人机航拍、水下摄影等高新技术设备，卫星云图、特效动画与今昔影像对比和话题代言人、主题曲与原生音乐等多种形式，力求深入浅出，通俗易懂，令人喜闻乐见，引发共鸣。

　　有人对该片进行了"独家分析"："这是一部反映时代新气象、讴歌人民新创造的纪录精品。""我觉得这个纪录片做得最好的地方在于拍出了科技创新令人兴奋的感觉。""解说词犹如邻家大哥讲故事般不经意地从画面流出。解说醇厚、亲切、娓娓动听。"《中国日报》专栏评述："该片'沾泥土、带露珠、冒热气'，既深入浅出普及最新科技知识，又形象生动讲好中国故事。将中国最新科技成就之于全世界的形象化展示，反映中国人不断超越梦想的故事，让世界观众在新鲜震撼的观赏体验之中获得别样的启示和思考。"

　　也有很多网友表示感受到了鼓舞和振奋，"看完有种一定要多活几十年的愿望，好好看看这个巨变的时代还会带给我们什么样的精彩！""为生活在科技发达的当今时代感到庆幸，感恩伟大的祖国与广大科研工作者取得的丰硕成果。""在我们不知道的地方，有些人在默默创造着奇迹。向这个巨变的时代致敬。"

《智造美好生活》：科学联姻艺术，
讲好中国科技创新故事

（《科技日报》2021 年 4 月 12 日）

科学与艺术的联姻催生了科学纪录片这一独特类别。中国的科学纪录片从承载全民科普任务的科教片中脱胎而出，以科学和人文的双视角检视和透视了科技进步带给人们生活品质的提升和思维情感的跃迁。近年来，科学纪录片俨然成为当代中国科学传播的主力军。

由中央广播电视总台中国国际电视总公司原创出品的大型 4K 超高清纪录片《智造美好生活》，先后在央视中文国际、综合、纪录等多个频道播出，并在央视频、优酷等互联网站，中国香港、中国澳门以及亚欧多个国家海外电视频道和新媒体平台同步上线播出。

"全片紧扣科技创新这一时代主题，通过普通人的视角与生活化场景，以鲜活生动、接地气的故事表达，让观众感受到科学技术带来的深刻变革与影响。纪录片讲述了当代中国美好生活与智慧创造奇迹的密码，传递正能量、催生新动能，激励人心，助力推动科技自立自强。"该片总策划、中国国际电视总公司总裁唐世鼎告诉科技日报记者。

让高冷科技带有人文关怀的温度

纪录片《智造美好生活》共 6 集，分别为《家　世界》《医　健康》《慧　城市》《绿　生态》《深　赋能》《创　未来》，每集时长 50 分钟。在叙事主题上，该片从前沿科技转向当下社会应用，强化"科技改变生活、科技改变命运"的戏剧效果，让高冷科技带有人文关怀的温度。

在《智造美好生活》中，既有红外血管测像仪和健康码这种看似虽小但却在新冠疫情期间发挥大作用的应用；也有让盲人女孩实现独自出国游梦想的智能盲杖和智能软件；更有"要不来、买不来、讨不来"的量子通信、卫星互联网、类脑计算机、人工智能等关键技术。此外，该片纪录的轨迹也从幕后走向台前，纪录的对象从科技精英延展到普通大众。

"我们有意规避了对高深科学原理的生硬诠释，转而强化创新科技对社会、普通民众的'改变作用'和效果，关照审美个体的切身感受，以赢得观者的认同感。"该片总导演王密林说。

将宏大叙事藏在普通人的故事中

"本片从以重大创新科技（事件）为中心转向以人物为中心，通过科技精英和普通百姓两个纬度共同书写、展现这个伟大时代。"王密林说。

在《智造美好生活》中，牧民孟克达来在库布齐沙漠西北边缘孤独奋斗了20年。而20多年前一次偶然的调研，让福建农林大学的农作物研究专家林占熺目睹了西部黄河流域变成沙漠悬河的残酷现实。感同身受，同频共振，林占熺花了20多年的时间埋头只做一件事——培植在沙漠中可以存活的菌草，他要改变孟克达来们的命运，他要给沙漠披上绿衣，他要帮助孟克达来这样的牧民按下与沙漠抗争的时间暂停键……

在观众看来，本片不是一部单纯的科技纪录片，也不是一部中规中矩的科普片，更不是空洞虚喊"伟大"的纪录片，而是一部宏大主题下，充满温情、充满希望、充满力量的人文纪录片。

叙事路径从线性转向非线性

全片从策划创意到拍摄制作历时两年多，摄制组奔波于海内外各地，经反复挑选与深入挖掘，跟踪记录了 50 多个普通民众因科技改变生活的精彩人生故事，并邀请国内一批知名院士、科技专家指导把关。主创团队先后深入全国 30 多个省区、100 多个市县，行程 10 万多公里，采访中国科学院及中国工程院两院院士、社会热点领域行业领军人物与普通民众上百人。

"本片从《家　世界》《医　健康》《慧　城市》《绿　生态》《深　赋能》《创　未来》6 个层面，归纳提炼出每一集的主题方向。"王密林介绍说，"但每集都采取了统一的叙事路径，从线性转向非线性。创作者在保证单个人物叙事的同时，果断放弃了最具中国本土叙事特色的线性模式，采取了组歌集锦式的新结构，泼墨画式的宽广视野使得内容更丰富、话题领域更有层次，也就更有典型性、代表性，更有效果。"

创作者首先设定了一个共通的情感线索，采取多线并进的模式，打破时空限制，在形成统一情感逻辑的基础上，散点透视，同时叙述与主题相关的多个人物，形成围绕一个核心故事的"人物矩阵"，做到了"以点带面""形散神聚"的气派，从而赋予科学题材纪录片人文色彩和温度。

俯下身从科学说教转向人生体验

《智造美好生活》放弃了科学话语高深莫测式的居高临下，将身段放下，在主流意识与类型叙事中找到耦合之处，刻意软化科普表达，转而强化人文表达。

在片中，沉浸式的体验代替了对科技的科普解读。"该片打破了传统科学类纪录片的一般范式，将镜头从技术细节的呈现转向普通大众故事的真实表达。"唐世鼎介绍说，"通过感同身受的生活现状、发展变迁增加亲近感、认同感；注重兼顾不同年龄阶层，深入浅出、通俗易懂，拓宽了受众范围，并在多个维度上进行了深度链接。另外，生活化的解读风格也拉近了与受众的距离。"

从求真转向务实，从俯视转向平视，从宏大叙事转向微言大义，纪录片《智造美好生活》用鲜活的故事记录了新时代中国科技创新实践成果，温暖人心，鼓舞士气，让观者自然地感受到"形于中"而"发于外"的文化软实力，在影像中探寻到了中国精神、中国力量、中国自信的源泉和密码。

央视纪录片《智造美好生活》刷屏网络，
网友直呼"自信心爆棚"

（"上观新闻"，2021 年 1 月 8 日）

"作为一个医务工作者，看到第二集果断给了满分，能把最前沿的医学方面科技做成这么好看的纪录片，赞！"

今年元旦，央视开年大型纪录片《智造美好生活》刷屏社交网络，获得了全国观众的称赞。截至目前，《智造美好生活》在全网的播放量已近百万次。新浪微博主话题"纪录片智造美好生活"阅读量破 3 亿，讨论量破 10 万，抖音话题播放破 1000 万，在新浪微博设置的众多子话题阅读量也持续攀升。该片在优酷平台播出后，多日占据优酷科技纪实热榜第二名的位置。

《智造美好生活》共 6 集，分别为《家　世界》《医　健康》《慧　城市》《绿　生态》《深　赋能》《创　未来》，每集时长 50 分钟。从摩天高楼里的智能场景到山乡巨变的弯道超车，从大国重器的匠心铸造再到中国智造铺就的复兴之路，《智造美好生活》以优质内容为核心，以融媒体时代传播方式为手段，充分展现了科技创新成果惠民利民，科技的光芒闪烁在一帧帧精致饱满的画面中，带领观众踏入新时代科技发展的未至之境。

全片突出故事化叙事与大众科普手段，以 4K 超高清影像结合数字化、网络化、智能化生活场景呈现，画面精致多彩，视听冲击力强。并采用 5G、AI、机器人、无人机航拍、水下摄影等高新技术设备，电影级的特效动画、今昔影像对比和话题代言人、主题曲与原创音乐等多种形式，实现了深入浅出、通俗易懂的传播效果，令人喜闻乐见、引发共鸣。网友留言说，"大开眼界，中国真是幅员辽阔、行业众多。期待未来更美好的生活！"

《智造美好生活》片中的一位主人公——开办餐饮店的钟先生，遭遇了18年来最漫长的歇业时光。煎熬的时光没有持续太久，门庭若市的场面就再次回归，小小的健康码成了店铺安宁的护身符。这个故事让很多观众、网友感同身受，有网友留言说："看完以后确实觉得，中国正在成为科技服务生活的强国！""突如其来的疫情，让前沿科技走进了人们的生活，我们得以清晰看见城市大脑所具备的无限潜力。"

全片从策划创意到拍摄制作历时两年多，摄制组奔赴海内外，经过反复甄选与深度挖掘，跟踪记录了50多个普通民众因科技改变生活的精彩人生故事，并邀请国内一批知名院士、科技专家权威指导把关，以亲历者个体故事为主线，详细记录了"科技点亮生活"的宏大历程和感人细节。

"致敬这些改变世界的人！我觉得这个纪录片做得最好的地方在于拍出了科技创新令人兴奋的感觉。"正能量的评论刷屏微博、朋友圈，这部具有人文关怀，充满科技感与未来感的纪录大片引发了各年龄段观众的共鸣。不少观众感叹："看过之后对国家的自信心爆棚""很好看！挑的都是现在最前沿的科技，讲解和比喻都特别清晰。"

《智造美好生活》紧扣时代脉搏，聚焦前沿科技，用镜头形象讲述中国故事，反映我们身边生活的新变化，揭示其背后隐藏的科技因素与创新动力，深情礼赞科技创新点亮中国、智慧创造美好生活的图景，充分展示科技创新成果惠民利民、改善人民生活品质，着力体现人民群众的获得感、幸福感、安全感，生动诠释"人民对美好生活的向往就是我们的奋斗目标"的深刻内涵。

三　专家点评

张颐武（全国政协委员、北京大学中文系教授）

2021 年开年，一部高质量纪录大片《智造美好生活》跃然央视屏幕之上，在微博、朋友圈等社交平台掀起了广泛讨论，唤起人们强烈的共鸣。通过观影，观众深切体会到科技赋予中国人的获得感、幸福感、安全感。纪录片镜头中这些科技创造的"中国奇迹"、温馨美好的幸福民生，让观众感慨万千。

纪录片肩负着时代记录者的责任与使命。科技让老人 70 载寻亲梦圆，一家人其乐融融选购智能冰箱，健康码成为店铺安宁的护身符……《智造美好生活》并不是干巴巴地讲科技故事，而是将人与科技穿插结合进行叙述，为该片增添了艺术性与故事性。创作者用镜头记录下动人的中国故事，反映生活新变化，在镜头背后以人情的温度真实呈现了科技创新点亮小康中国，诠释了"人民对美好生活的向往就是我们的奋斗目标"这一深刻内涵。

在追求真实的前提下，《智造美好生活》注重思想性和故事的生动性，每集都形成了多个故事点，使得人物故事更加鲜活、丰满、生动，发人深思、催人奋进。全片从策划创意到拍摄制作历时两年多，主创团队用创新思维平衡全片大结构与小情节，详细记录了"科技点亮生活"的宏大历程和感人瞬间，彰显厚积薄发的中国力量。在影片的生动呈现中，观众仿佛能够预见日新月异的科技带来的一个个更加美好的未来。

此外，该片的4K超高清高品质影像与数字化、网络化、智能化生活场景呈现，内容充实、画面丰富、节奏得当、画面多彩、视听冲击力强，堪称电影般的质感。反复打磨所形成的强劲视觉冲击力和视觉效果，足以看出主创团队的用心、用情、用功，体现了精湛的制作水平。

杜鹏（中国科学院科技战略咨询研究院、学部学科研究支撑中心执行主任、研究员）

从宏观着眼、微观入手，很好地表达了科学的温度。

刘洪海（国际欧亚科学院中国科学中心秘书长、国家纳米科学中心原党委书记）

片子告诉观众，自立自强的科技是我们之所以"能"的动力之根，也是将来之所以"行"的自信之源。

林占熺（福建农林大学国家菌草工程技术研究中心首席科学家）

科学技术从来没有像今天这样深刻影响着人民的生活福祉，这样深刻影响着国家的前途命运，希望我们以后能够多多推出此类型的纪录片造福大众。

张同道（北京师范大学纪录片中心主任）

《智造美好生活》创意新颖，制作精良，风格轻灵，令人耳目一新。莫言先生说，好的作品里是有未来的。这部纪录片给观众未来生活的图景带来希望。当代世界，正面临新一轮技术革命。现代科技正在破解当今世界难题，诸如交通安全、城市人流、人类健康以及繁重的体力劳动等，纪录片敏锐地捕捉到科技带给生活的改变，从城市大脑、智慧消防、智能植保无人机、新药研制、盲人旅行到未来可能普及到无人驾驶汽车、城市交通管理，无一不在描绘未来生活的动人面容。建议这样的影片继续拍摄，跟踪科技前沿，紧扣时代脉动，温暖人心，鼓舞士气。

祖光（中国视协纪录片学术委员会常务副会长）

这是一部全景式描述高科技时代下的"智能中国"纪录大片，它采用人类社会学的视角，以"家庭、医疗、城市、生态、赋能、未来"六个层面和一个个生动鲜活的故事为分析样本，多维度、立体化地展示了科学技术深刻影响和改变了中国人的社会生活及理念。

该片既有视野开阔的宏大叙事，又有娓娓道来的故事讲述；既呈现了制作精良的影像品质，又表达了温情与梦想的丰富情感。该片是中国纪录片 2021 年的第一个重要收获，向出品方致敬！向主创团队致敬！

祝燕南（国家广电总局发展研究中心主任）

系列纪录片《智造美好生活》创造了纪录片新类型，兼具科技发明记录、社会生活纪实、科普科教作品乃至科幻等多种类纪录片综合特征，深度融合真实性、纪实性、人文性、审美性、科学性、耦合性等纪录片的基本元素，代表中国纪录片进入类型创新的发展新阶段。

该系列纪录片极具大众吸引力，是出色的当代科普教育影视作品。单元式叙事结构覆盖中国人民现代化生活的方方面面，将人工智能、大数据等高科技发明、智能化产品和应用的影像表达，全部下沉到城市、社区、家庭、个人日复一日的工作和生活细节，有很强的贴近性、亲和力、认同感。该系列作品彰显了人类共同价值观，自始至终突出了一个重要的主题，即新一轮科技进步在更高水平、更广泛层面改造世界、挽救环境、改善生活，造福各国人民，光明人类未来。鉴于此，该片具有全球传播意义。

赵捷（中广联合会纪录片委员会会长、中央新影集团副总裁）

开年大片《智造美好生活》是部用心之作。节目立足当下，回望过去，憧憬未来，多维度、立体化展示科学技术深刻影响与改变，展现经济社会发展和人民生活幸福安康，解构人与自然、人与科技、人与人关系中的幸福密码。通过 50 多个普通人的日常生活图景，简明地、科普式地呈现了当下中国人对美好生活的向往与憧憬，描绘出当下中国社会中智造、智能、智慧赋能中华民族伟大复兴中国梦的实现过程，描摹出未来中国百姓有品质的中国生活方案，体现了人民群众的获得感、幸福感、安全感，诠释了"人民对美好生活的向往就是我们的奋斗目标"的深刻内涵。全片通过小切口反映大主题，小人物折射大时代，注重鲜活接地气故事与前沿科技知识解密相结合，是一部有品质、有看点的精良之作。

李沁（中国人民大学新闻学院教授、博士生导师，国家传播战略研究中心主任）

整片风格清新大气，有现代科技感。片头有新意，强调了万物互联和人工智能为人类生活带来的便捷和无限想象空间。故事讲述生动有趣，虚实结合的小人物和大背景，有时代感，有人情味。故事线时空纵横跨越，切换自如，挪威的例子显示了全球互联所带来的新维度，24 小时跨越半个地球，从挪威捕捞到了中国人的餐桌，可以看成对人类命运共同体愿景的一个生动呈现。有些叙事部分节奏可以更快一些，还可以突出一点异国风情和文化差异的细节，这样让跨洋的合作更显得珍贵和有趣，也会让叙事更有戏剧性，增加故事结构的文化张力。

陈大立 （首都纪录片发展协会会长）

纪录片《智造美好生活》，既是一部鸿篇巨制的经典力作，又是一部细致入微、飘逸中国智能科技时代色彩的"梦幻曲"，一部智能科技背景下中国人"美好生活"的写真集。

一是背景鲜明、特色突出。该片以智能科技为蓝本，以纪实影像为载体，通过多触点的记录以及丰富多彩的科技展现，书写新时代中国人的美好生活。既有时代色彩，又有个性化表达。二是开合有度、视角独特。该片视野开阔，结构巧妙。以第一集《家　世界》一则个性化故事为例。该片用西安人雷江一家年夜饭的"趣味点"，诠释了享受万物互联网时代的中国人的"食趣"。故事以雷江"网购三文鱼"作为切入点，通过互联网购物平台，纵向跨越 8000 多公里，把雷江家的餐桌与斯堪的纳维亚半岛的挪威海洋渔场三文鱼捕捞连接在了一起。既有万物互联的跨国背景，又有个体的观照，十分亲切，又意义深远。三是智能科技的记录生动精彩。该片从"家""医疗""城市生活""生态"等多个维度与视角，以"智能科技"的名义，剖析、诠释了"美好生活"的幸福指数，点与面的结合恰到好处。

张雅欣（中国传媒大学新闻传播学部电视学院教授、博士生导师）

《智造美好生活》是科学纪录片在公众理解科学、参与科学做出的一次重要探索，这部纪录片不是对科学成就进行简单视觉化再现，而是通过生活化实用性的科学议题、故事化的叙事手段，将晦涩的科学知识转译为通俗易懂的大众语言，拉近公众与科学的距离，建立起公众与科学的连接。该片通过将复杂的人工智能科学转化为"互联网智能寻人帮助台湾老兵回家"这样温情动人的故事，抓住了网民追求有用和有趣的心理，从而有效地找到科学知识与公众兴趣的契合点，让公众轻松易懂地理解科学。

在公众理解科学的基础上，《智造美好生活》还进一步呈现了公众如何参与科学。比如大学生回到家乡用更科学的方式保护生态，摄影爱好者拍下北京天空，参与雾霾治理，这一定程度上对高深莫测的科学知识祛魅，提供了公众参与科学的可能、唤起了公众参与科学的热情。总之，《智造美好生活》将人文关怀与科学传播巧妙融合在一起，让观众在一个个故事中体验科学带给人们的幸福感和获得感，传播科技的人文价值，强烈激发了观众理解科学、参与科学的兴趣和热情。

唐俊（复旦大学新闻学院研究员、高级编辑）

纪录片是一种长于传递新知、启迪心智的影像载体，科技类纪录片在国际市场占有重要地位。在我国传统科教电影的辉煌已成为历史，在当今科技急速改变生活的时代，却非常缺乏富有国际视角和现代质感的科技纪录片佳作。正因为如此，大型4K超高清纪录片《智造美好生活》的推出契合了人们的期待。该片聚焦各类前沿科技，同时又饱含人文关怀，讲述了一个个尖端技术赋能民众生活的故事，既有"高大上"的惊艳，亦有"接地气"的温暖。《智造美好生活》以超高清的通透画质与充满人文感、未来感的制作，呈现出国产科技纪录片少见的精品之作，在未来这一领域的纪录片创作中有望产生引领和示范效应。

侯玉（资深报人）

片子的选题和场景展现都给人以震撼和希望，比全民娱乐化和空喊崛起更有说服力和震撼力。

董长青（中关村管委会宣传处处长）

《智造美好生活》用好故事鼓舞了科技创新者、共鸣了科技受惠者，也激励了更多有志青年，是一次破圈层、礼赞创新的成功尝试。

全国人大代表、厦门大学经济学院教授潘越等多名两会代表

纪录片《智造美好生活》聚焦前沿科技，手法新，故事性强，视频制作精良，用"高颜值"精美镜头，记录我们身边生活新变化，充分展示科技创新成果提升百姓生活品质，助力推动把创新放在我国现代化建设全局中的核心地位、把科技自立自强作为国家发展的战略支撑，在一些领域实现并跑领跑，为建设世界科技强国营造尊重科学、崇尚创新的良好社会氛围。

张璐（全国人大代表、中国科学院福建物质结构研究所研究员）

片子拍摄通俗易懂，充满人文关怀，引发共鸣。作为科技工作者，我们希望媒体能多拍一些这类传播科技工作者先进事迹与弘扬科学家精神的好片子！

四　纪录片主题曲《最美时光》

演唱：胡维纳

作词：杨晓飞

作曲：胡　博

我们一起

走过美好时光

你轻抚记忆的相框

那岁月温柔

盛满甜美回想

我们一起

仰望徐徐朝阳

我迷恋一路的清朗

那青春如画

那温暖如朝阳

来吧　我们

用心去畅想

湛蓝的天空里

展开想象的翅膀

我的祖国　我的家
温暖的大地　春风和煦
幸福的滋味　一如既往
歌声嘹亮

来吧　我们
用心去畅想
湛蓝的天空里
展开想象的翅膀

我的祖国　我的家
温暖的大地　春风和煦
幸福的滋味　一如既往
歌声嘹亮

（完）

《智造美好生活》
MV

视频索引

"家 世界"完整视频 002

智能家居让生活更美好 010

智能寻人系统帮助向道超回到阔别 70 余年的老家 018

"医 健康"完整视频 032

国产靶向药使奇迹在患者身上发生 045

航天领域的高科技成为"护士之眼" 051

中国提供的"北京方案"为全世界白血病患者点燃生的希望 059

医生和机器人配合完成一台完美的手术 062

"慧 城市"完整视频 064

智能科技引领地上交通新改变 070

减震结构设计保障建筑机构安全 079

智慧消防全新时代的大门即将开启 081

横琴小渔村的巨变 085

前沿科技改变城市生活 089

"绿 生态"完整视频 092

科技保障海洋成为丰饶的牧场 101

环保科技助力空气质量改善 108

新科技创造绿进沙退的中国奇迹 112

科技力量激发现代农业高质量发展 115

从伐树到种树：生态观念的根本性转变 117

"深　赋能"完整视频 120

陈思颖利用智能软件如同常人般快乐旅行 125

智能机械手为古月的生活按下重启键 129

植保无人机成为棉农翘首以盼的好助手 135

无人驾驶汽车高速感知，确定危险，处理路况 143

银河首发星将给大山深处的生活带来新的变化 150

"创　未来"完整视频 152

机器人编织碳纤维建筑构件 162

前沿科技走进传统农业 165

《智造美好生活》MV 214

责任编辑：余　平

责任校对：马　婕

图书在版编目（CIP）数据

智造美好生活：视频图文书／中央广播电视总台，中国国际电视总公司
　编著．— 北京：人民出版社，2023.2

ISBN 978 – 7 – 01 – 023196 – 9

Ⅰ．①智…　Ⅱ．①中…②中…　Ⅲ．①科学技术 – 技术革新 – 影响 – 社会
　生活 – 中国　Ⅳ．① D669

中国版本图书馆 CIP 数据核字（2021）第 034091 号

智造美好生活

ZHIZAO MEIHAO SHENGHUO

视频图文版

中央广播电视总台　中国国际电视总公司　编著

人民出版社 出版发行

（100706　北京市东城区隆福寺街 99 号）

中煤（北京）印务有限公司印刷　新华书店经销

2023 年 2 月第 1 版　2023 年 2 月北京第 1 次印刷

开本：710 毫米 ×1000 毫米 1/16　印张：14.25

字数：172 千字

ISBN 978 – 7 – 01 – 023196 – 9　定价：78.00 元

邮购地址 100706　北京市东城区隆福寺街 99 号

人民东方图书销售中心　电话（010）65250042　65289539